中國上古史話

中國上古史話

張傳璽 著

中和出版
OPEN PAGE

出版緣起

我們推出的這套「大家歷史小叢書」，由著名學者或專家撰寫，內容既精專、又通俗易懂，其中不少名家名作堪稱經典。

本叢書所選編的書目中既有斷代史，又有歷代典型人物、文化成就、重要事件，也包括與歷史有關的理論、民俗等話題。希望透過主幹與枝葉，共同呈現一個較為豐富的中國歷史面目，以饗讀者。因部分著作成書較早，作者行文用語具時代特徵，我們尊重及保持其原有風貌，不做現代漢語的規範化統一。

中和編輯部

目錄

導言　郯子說官

——星光燦爛的政治天空

對於我國古代政治文明開始的時間，學術界有比較統一的認識，認為始於夏朝。可是對於其曙光時期，則說不清楚。不僅我們今天說不清楚，兩千五百年前的大學問家孔老夫子也說不清楚。不僅孔子說不清楚，當時的一些國君和達官貴人也幾乎都不知曾出現在遠古的政治文明的曙光是怎麼回事。

公元前五二八年的秋天，魯國來了一位國賓，史稱郯子。郯國在今山東郯城一帶，相傳是黃帝之子少皞氏的後裔，因此《左傳·昭公十七年》孔穎達疏引王肅云：「郯，中國也。」但在春秋時期，由於世代久遠，郯已被華夏諸侯國目為東夷。子是郯國國君的爵位。當時國君的爵位分為五等，所分封的疆域分為三等。就是《孟子．萬章下》所說的：「公、侯皆方百里，伯七十里，子、男五十里。」郯子僅是子爵，是一位小國國君。可是他很有學問，在魯昭公舉行國宴歡迎他時，他應主人之請，講述了他的祖先少皞氏為甚麼用各種鳥名作為時官名稱。他談此事，是從黃帝時期的官職談起的。《左傳》這樣記載他的話：

（魯昭公十七年）秋，郯子來朝，公與之宴。昭子問焉，曰：「少皞氏鳥名官，何故也？」郯子曰：「吾祖也，我知之。昔者黃帝氏以雲紀，故為雲師而雲名。炎帝氏以火紀，故為火師而火名。共工氏以水紀，故為水師而水名。太皞氏以龍紀，故為龍師而龍名。我高祖少皞摯之立也，鳳鳥適至，故紀於鳥，為鳥師而鳥名。鳳鳥氏，曆正也。玄鳥氏，司分者也。伯趙氏，司至者也。青鳥氏，司啟者也。丹鳥氏，司閉者也。祝鳩氏，司徒也。鴡鳩氏，司馬也。鳲鳩氏，司空也。爽鳩氏，司寇也。鶻鳩氏，司事也。五鳩，鳩民者也。五雉為五工正，利器用，正度量，夷民者也。九扈為九農正，扈民無淫者也。自顓頊以來，不能紀遠，乃紀於近。為民師而命以民事，則不能故也。」

這段話的大致意思是，魯國貴族昭子向郯子詢問：聽説遠古時少皞氏用鳥名作為官名，這是甚麼原因？郯子詳細地做了解釋，不僅講述了他的祖先少皞氏以鳥名官的緣由，還較詳細地介紹了當時的官制，也介紹了黃帝、炎帝、共工、太皞等古帝王為官員命名的情況。黃帝用雲記事，所以用雲作為官名；炎帝用火記事，所以用火作為官名；共工用水記事，所以用水作為官名；太皞用龍記事，所以用龍作為官名。少皞即位的時候，正好遇到鳳鳥前來，所以就用鳥記事，各部門長官都用鳥來命名。鳳鳥氏就是後代的曆正，總管曆法，玄鳥氏掌管春分、秋分，伯趙（即伯勞，一種鳥）氏掌管夏至、冬至，青鳥氏掌管立春、立夏，丹鳥氏掌管立秋、立冬。祝鳩氏就是司徒，鴡鳩氏就是司馬，鳲鳩氏就是司空，爽鳩氏就是司寇，鶻鳩氏就是司事。這「五鳩」是鳩聚百姓的官。另外還有「五雉」，是五種管理手工業的官，改善器物用具，統一尺度容量，讓百姓交易公平。又有「九扈」，是九種管理農業的官，約束百姓不讓他們放縱。郯子最後又說：自從顓頊開始，已經無法維持上述傳統，凡是「為民師」，即做官的人，都「命以民事」，就是所用官名都採自民事，不再用雲、火、水、龍、鳥這一類特定的名稱。實際上，郯子所說的這一變化，指的是遠古先民從以自然崇拜的圖騰①為官名轉變為因事名官，這是社會發展進步的標誌。

郯子所講，語驚四座。孔子時年二十七歲，已聚徒講學，其弟子中有魯大夫孟僖子之嗣子懿子、南宮敬叔等人，都是一些飽學之士。可是他聽到郯子所講，極為欽佩，要向他當面求教。事後，孔子慨歎説：「我聽説『天子失官，學在四夷』，看來是對的。」郯子説官，雖不足以證明中國在當時已經進入政治文明時期，但説距政治文明的到來已為時不遠，是可以肯定的。

注釋：

① 圖騰，北美印第安語音譯，意為「親屬」和「標記」。因原始人相信本氏族與某種動、植物或其他自然物具有特殊的親緣關係，故將該物視作本氏族的保護者和標誌族徽而加以崇拜。

第一章　黃帝、炎帝、堯、舜

我國在遠古時期，族群眾多，氏族、部落的首領各有名號，在文獻中多稱帝王，或直呼其名。五帝之名號多所出現，但各家説法不一。鄒子既在開頭講到黃帝，又説顓頊之後，以事名官。司馬遷在《史記．五帝本紀》中，對有關五帝時的史料是這樣評價的：「學者多稱五帝，尚矣。然《尚書》獨載堯以來；而百家言黃帝，其文不雅馴，薦紳先生難言之。孔子所傳宰予問《五帝德》及《帝系姓》，儒者或不傳。余嘗西至空桐，北過涿鹿，東漸於海，南浮江、淮矣至長老皆各往往稱黃帝、堯、舜之處，風教固殊焉，總之不離古文者近是。」他的大致意思是說：學者們一再談到五帝，但年代實在是太遙遠了。《尚書》只記載堯以後的事情，堯以前雖然有一些資料，但可疑之處較多，頭緒也很複雜，需要認真鑒別。本書在這裡採用司馬遷之說，重點介紹黃帝、炎帝和堯、舜時期政治文明曙光的情況。至於黃帝之孫顓頊，曾孫帝嚳，皆從略。

一　黃帝與炎帝

黃帝姓公孫，名軒轅，約與炎帝同時。黃帝族長居姬水流域，因之改姓姬氏。炎帝族居姜水流域，姓姜氏。兩族都以農業生產為主，文化都有相當高的發展。後來黃帝部打敗了炎帝部。兩部合併後，又打敗了東夷之蚩尤部。黃帝的勢力範圍擴大，「諸侯咸尊軒轅為天子……是為黃帝」。黃帝的勢力所及，根據他巡視所到之處，大致可以估計出來。《史記》卷一《五帝本紀．黃帝》記載：「（黃帝）東至於海，登丸山，及岱宗（今山東泰山）；西至於空桐，登雞頭（今寧夏隆德東）；南至於江，登熊（熊耳山，今河南盧氏南）、湘（湘山，亦名君山、洞庭山，今湖南岳陽西南），北逐葷粥，合符釜山（今河北懷來北），而邑於涿鹿之阿（今涿鹿東南）。」在這樣大的範圍內，雖然當時的戶口並不稠密，但族群眾多、部落林立是必然的，所以有「萬國」之稱。當時已有甚麼制度，尚不清楚。據《五帝本紀》，黃帝時「宮名皆以雲命，為雲師」，具體如「春官為青雲，夏官為縉雲，秋官為白雲，冬官為黑雲，中官為黃雲」。這與前面所引郯子的說法是符合的。不過《五帝本紀》也載有黃帝時因事名官的例子，如黃帝四臣為「風後、力牧、常先、大鴻以治民」，又「置左右大監，監於萬國」。

二　禪讓時代

堯和舜是「禪讓時代」的兩位帝王。

（一）唐堯

堯的本名為放勳，傳說他是黃帝曾孫帝嚳的庶子。帝嚳死後，嫡子名摯者繼位；但因表現不好，不為群眾所愛戴。他的庶母弟放勳時封唐侯，居於平陽（今山西臨汾西南），很有德行，甚得擁護。帝摯在位九年，讓位給唐侯放勳。放勳即位，史稱唐堯。堯是謚號，亦稱陶唐氏。帝摯是否就是郯子所說的「我高祖少皞摯」呢？文獻記載有分歧。帝摯讓位給堯，開禪讓時代的先河。堯是一位聖君，《史記》卷一《五帝本紀．帝堯》說他在位時，「黃收純衣，彤車乘白馬，能明馴德，以親九族。九族既睦，便章百姓。百姓昭明，合和萬國」。這說明當時的政治和社會情況相當清明穩定。

堯在政治和職官制度方面有相當的建樹。當時的天文和曆法已有初步發展，已設置專門的官吏負責研究管理，並與農業生產的季節聯繫起來。《五帝本紀．帝堯》曰：「乃命羲、和，敬順昊天，數法日月星辰，敬授民時。」羲、和是兩個家族，羲氏有羲仲、羲叔，和氏有和仲、和叔，四家世代分掌東、南、西、北的季節和氣候的變化。一年為三百六十六日，用閏月來調整四時的誤差。所謂「敬授民時」，張守節《史記正義》徵引緯書《尚書考靈耀》的說法：「主春者，張昏中，可以種稷。主夏者，火昏中，可以種黍、菽。主秋者，虛昏中，可以種麥。主冬者，昴昏中，可以收斂也。」由此總結說：天子根據星辰的運行變化，知道民間農事緩急，編制曆法，頒行民間，這就叫作「敬授民時」。《五帝本紀．帝堯》還說：「信飭百官，眾功皆興。」可見堯時的各項事業已相當發展，各種主事官吏的設置已相當齊全。

此時，在堯的身邊還有一個權力很大的高級諮詢組織，稱作「四岳十二牧」。四岳和十二牧是十六個部落或部族的首領。如《史記》卷三二《齊太公世家》曰：「太公望呂尚者，東海上人。其先祖嘗為四岳，佐禹平水土甚有功。」太公望即姜太公，他的祖先是東夷首領之一。《左傳．襄公十四年》載戎子駒支對晉國大臣的答詞，稱晉惠公「謂我諸戎，是四岳之裔冑也」。杜預注：「四岳，堯時方伯。」東漢學者鄭玄《毛詩箋》解釋四岳為「四時之官，主方岳之事」。西漢《孔安國尚書傳》則云：「四岳，即上羲和四子也。分掌四岳之諸侯，故稱焉。」四岳不分族屬，權勢聲望似比十二牧要大一些。如堯任命鯀（禹之父）為平治洪水的領導人，就是由四岳會議推薦的。後來以舜為堯的帝位繼承人，也是由四岳會議推薦的。四岳或四岳十二牧會議是一種原始民主性質的會議制度。部落或部落聯盟中的大事，要經過這一會議討論決定，但部落聯盟的軍事首領（酋長）有最後決定權。此種政治形式存在於原始社會末期，也就是父系家長制時期，學術界稱之為軍事民主主義時期。

（二）虞舜

舜的本名為重華，舜為謚號。傳說是黃帝的第八代孫，顓頊的第六代孫。自顓頊之子窮蟬至舜，六代為庶人。《孟子・離婁下》曰：「舜生於諸馮，遷於負夏，卒於鳴條，東夷之人也。」此說是可信的。舜幼年喪母，事父和繼母至孝，曾在今山東西部一帶以耕作、捕漁及製作磚瓦器具等為生，受到當地居民的愛戴。堯在年老時，因為他的兒子丹朱的品性不好，不宜繼承他的權位，由四岳會議推薦，決定以舜為繼位人。

堯命舜代他行天子之職，還將兩個女兒娥皇和女英嫁給舜，協助舜工作，並對舜進行考察。二十年後，堯死，舜正式登天子之位。

舜受堯的長期培養鍛煉，政治經驗已相當豐富。《史記・五帝本紀・虞舜》記載：他即位後，即與四岳十二牧議事，廣開言路。首先整頓朝政，任命了九位長官分掌庶政：一、伯禹為司空，掌水土工程；二、棄為后稷，掌農事；三、契為司徒，掌教育文化；四、皋陶為作士，掌刑法獄事；五、垂為共工，掌百工製作；六、益為虞，掌山林川澤；七、伯夷為秩宗，掌禮儀制度；八、夔為典樂，掌典禮音樂；九、龍為納言，掌宣示王命，下情上達。還設置了一些次要的部門，連同上述九官，共二十二位高官，各有執掌，並規定「三歲一考功，三考絀陟」，於是「遠近眾功成興」，「天下明德皆自虞帝始」。可見舜時，部落聯盟已相當發展，各項制度和職官的設置已相當完備。

舜在位十七年，除了做好上述政事之外，還做了兩件大事：一是任命禹為司空，平治洪水；二是禪讓帝位給禹，保證了社會秩序的穩定和發展。

洪水在全國範圍氾濫，帝堯時已很嚴重。《史記》卷二《夏本紀》曰：「當帝堯之時，鴻水滔天，浩浩懷山襄陵，下民其憂。」當時任用禹之父鯀負責治水，用了九年的時間，沒有成效。在舜代行天子職權時，以「治水無狀」之罪，將鯀處死，另任鯀之子禹治水。《夏本紀》記載，禹受到父親被殺的刺激，「勞身焦思」，全身心地投入治水工作，在外面奔波十三年，過家門不敢入。他通過諸侯和貴族徵集了大批勞動力，翻山越嶺，所到之處打下木樁進行標記，從而測定了各處山川的情況。經過艱苦的努力，終於治服了洪水，導小水入大水，導大水入江、河，使百川匯海。於是天下太平，「四海之內，咸戴帝舜之功」（《五帝本紀·虞舜》）。

舜做的第二件大事是禪讓帝位給禹。舜在年老時，考慮到由誰來繼承帝位的問題。他的兩位妃子，姐姐娥皇無子，妹妹女英生子名商均，品性不好，舜不想傳位於他。舜曾為此事舉行四岳十二牧會議聽證，最後決定以禹嗣。

唐堯虞舜時期，是儒家盛讚的「黃金時代」，例如孟子就「言必稱堯、舜」（《孟子．滕文公上》）。

（三）「大同」之世

「大同」是孔子對堯舜時代的讚頌。《禮記．禮運》記載孔子的話說：

大道之行也，天下為公，選賢與能，講信修睦；故人不獨親其親，不獨子其子。使老有所終，壯有所用，幼有所長，矜寡孤獨廢疾者皆有所養。男有分，女有歸。貨惡其棄於地也，不必藏於己；力惡其不出於身也，不必為己。是故謀閉而不興，盜竊亂賊而不作，故外户而不閉。是謂大同。

孔子所説的大同社會，就社會的發展來説，是屬於氏族公社時期，當時，生產資料歸氏族集體所有，或稱為公有。私有制和私有觀念還沒有產生，不存在貧富差別，人與人之間沒有剝削和被剝削關係，更沒有壓迫和被壓迫關係。人與人之間是平等的，氏族與部落的首領由氏族或部落成員民主選舉產生。這樣的情況由人們口頭傳述，世代相傳，流傳到孔子的時代，加入了不少理想的和不真實的成分。在孔子的時代，各個民族的社會發展是不平衡的。不少落後的民族地區仍停留在原始社會的末期，或保留着較多的原始公有制和民主制的殘餘形態。上述兩種資料匯入孔子的腦海，形成了由他所勾畫的大同社會的藍圖。其實，這種大同社會在當時極端低下的社會生產力的情況下是不可能存在的。貧困、飢餓、寒冷、疾病，以及各種自然災害的侵襲，使人類的生活狀況極其困苦。所謂的「大同」只是人們的一個理想而已，在歷史上是不會有的。堯舜的「禪讓時代」，也就是軍事民主制時期，是中國上古史發展中的一個階段，時間並不太長，一切社會現象都是必然出現的，但具有過渡的性質。在這一社會階段中，公有制將為私有制所代替，私有財產、階級、剝削等現象都在孕育、萌發，原來為社會、為群眾服務的公共性機構在發生質變，在向着主要是為剝削階級少數人利益服務的暴力機構轉變，這個暴力機構就是國家機器。

第二章 「夏傳子，家天下」

中國古代的歷史自原始社會後期的氏族公社進入以私有制為基礎的階級社會，這是一個極大的轉變，這一轉變的政治標誌就是國家機構的產生。第一個國家的名稱是「夏」，史稱夏朝。夏商周（西周）三個朝代是先後相繼建立的，史稱三代，時長共一千餘年。三代是以私有制為基礎的階級社會，與前此以公有制為基礎的氏族公社制度在社會性質上有根本的不同。這不同的根源是財產私有制度的產生，以及由此而形成的根深蒂固的私有觀念。其他一切制度和文化都是由此而派生出來的。

不過由於此時出現了一批偉大的政治家，以制禮作樂、設制度、立田里為手段，調和了階級關係，穩定了社會秩序，發展了生產，繁榮了文化，使儒家學派的人們基本滿意。所以孔子亦倍加讚頌，稱此時為小康社會。《禮記．禮運》記載他的話說：

> 今大道既隱，天下為家，各親其親，各子其子，貨力為己。大人世及以為禮，城郭溝池以為固，禮義以為紀。以正君臣，以篤父子，以睦兄弟，以和夫婦，以設制度，以立田里，以賢勇知，以功為己。故謀用是作而兵由此起。禹、湯、文、武、成王、周公由此其選也。……是謂小康。

孔子是以理性看世界的。他認為，「大道既隱，天下為家」是不可抗拒的歷史發展規律。「謀用是作而兵由此起」也是必須面對的殘酷現實。他認為只要有聖君賢相主政，「謹於禮」，「以著其義，以考其信，著有過，刑仁講讓，示民以常」，社會還是能夠安定的。孔子以「三代之英」（《禮記．禮運》）為榜樣，描繪了建立「好人政治」的希望。

一　以早期宗法制為主幹建立的貴族政治

（一）早期宗法制度

夏朝的第一代國君是禹，原名文命。是否為黃帝之玄孫、顓頊之孫，已不可考。但其父為鯀，文獻爭議不大。他在舜時受封為夏伯，因有夏禹之名號。他一生最偉大的事業是平治洪水，因此受到各方擁戴，被舉為虞舜的帝位繼承人。舜逝世之後，三年服喪完畢，禹推辭帝位，希望讓給舜的兒子商均，自己退避到陽城（今河南登封）。但天下諸侯都不理睬商均，而主動去朝拜禹。這樣禹只好登上天子之位，「南面朝天下，國號曰夏后，姓姒氏」（《史記．夏本紀》）。

夏禹雖已建國，但在當時尚沒有明確的疆域範圍，更沒有日後的國界這一概念。如說勢力範圍，也不確切，只能說勢力所及，或影響所及。據《史記．五帝本紀．虞舜》的記載，禹治水之後，其勢力或影響所及，「方五千里，至於荒服。南撫交阯、北發（戶），西戎、析枝、渠廋、氐、羌，北山戎、發、息慎，東長、鳥夷，四海之內，咸戴帝舜之功」。[1]夏禹建國，當是繼承了這一範圍，但其有效統治地區，只限於今河南中、北部和山西南部。這一區域大致與今日考古學上的二里頭文化分佈的範圍相當。

夏朝的社會制度是以農村公社為基礎的部落奴隸制度。由氏族貴族轉化而來的姒姓貴族為主的奴隸主，聯合其他降服的氏族、部落或部落聯盟的頭人，建立了夏朝。其統治機構的主幹和基本框架，是由氏族公社時期的父家長制轉化發展而來的宗法制度，這種制度是以分配貴族統治集團的嫡庶系統的政治、經濟權益為目的而建立起來的權益保障制度。這是一種高於政治、支持政治而超越政治的制度，是政治、經濟關係的靈魂和支柱。在夏朝，這種制度屬於初建，極不完整，但在王位世襲制、分土封侯制、世卿世祿制等主要政治制度中都已有所貫徹。《禮記·禮運》記載孔子在講述「小康」社會時說：「大人世及以為禮」，孔穎達疏解釋說：「大人」就是諸侯。「世及」就是諸侯在家內傳位，父子相傳叫「世」，兄弟相傳叫「及」，父親傳位給兒子，沒有兒子就以兄長身份傳位給弟弟。這都屬於「禮」的範圍。

(二) 王位世襲制度

中國古代的王位世襲制是由宗統和君統兩大系統結合而成的。如上所述，宗統是以區分嫡庶為要務而形成的血緣紐帶關係；君統是以區分等級身份為要務而形成的政治統治關係。兩者在當時的社會政治情況下，互相支援，互相維護，相得益彰，形成兩支強大的宗法和政治力量。此制度表現在王位世襲制方面，已很明顯。其基本特點是：以「父死子繼」為主，以「兄終弟及」為輔。夏朝共十七帝，凡十六傳，傳子十三，傳弟三。王位世襲制的產生、實施，在當時是一種進步，其最主要的作用是減少甚至避免統治集團內部為爭奪王位而互相殘殺，又有利於保持政治和社會的穩定，有益於社會經濟和文化的發展。

夏的世系中有三例為傳弟。其一為太康，《夏本紀》載，「帝太康失國」。裴駰《史記集解》引孔安國的解釋說，太康沉溺於田獵，不把民眾的事務放在心上，以致被后羿趕到國外。《夏本紀》又說：「太康崩，弟中康立，是為帝中康。」後來「帝不降崩，弟帝扃立」；「帝廑崩，立帝不降之子孔甲」。其原因史籍沒有交代，一般的情況是「無子則傳弟」。總地說來，夏朝的王位世襲制度基本確立，其執行情況也基本正常。

夏朝王系表②

（約前二〇七〇—約前一六〇〇）

（一）禹—（二）啟—（三）太康

（四）中康—（五）相—（六）少康

（七）予（杼）—（八）槐（芬）—（九）芒—（十）泄

（十一）不降—（十四）孔甲—（十五）皋

（十二）扃—（十三）廑

（十六）發—（十七）履癸（桀）③

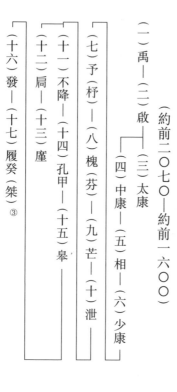

（三）分土封侯制

堯舜時期已有同姓貴族分土封侯制，如帝摯封其異母弟堯（放勳）為唐侯。堯受帝摯禪位之後，又封其兄摯於高辛。舜封異母弟象於有鼻，為諸侯。《史記．五帝本紀．虞舜》載：「堯子丹朱，舜子商均，皆有疆土，以奉先祀。」至夏朝，分封姒姓貴族為諸侯的更多。《史記．夏本紀》云：「禹為姒姓，其後分封，用國為姓，故有夏后氏、有扈氏、有男氏、斟尋氏、彤城氏、褒氏、費氏、杞氏、繒氏、辛氏、冥氏、斟戈氏。」同書卷四一《越王句踐世家》記載：春秋後期的越王句踐，就是禹的後代，他的祖先是夏朝國君少康的庶子，被分封在會稽（今浙江紹興），負責守護並祭祀禹的陵寢。這些同姓諸侯在封國內是否按照宗法制要求傳其爵位呢？由於史料缺乏，難做結論。我估計，封國的爵位繼承制度應當大致與王位世襲制度相同，不會另搞一套。

（四）世卿世祿制

在王室供職的主要官員，如卿、大夫等也都有祿位。夏朝這種祿位是否已經實行世襲制了，由於缺乏記載，不可確知。但夏朝初年的老臣，如商之祖先契，在帝舜時，即「封於商（今河南商丘南），賜姓子氏」（《史記》卷三《殷本紀》）。周之祖先棄（后稷），亦在帝舜時受封於邰（今陝西武功），「號曰后稷，別姓姬氏」（《史記》卷四《周本紀》）。他們與皋陶在夏初，都為朝廷重臣。皋陶死，禹封皋陶之後於英（今安徽金寨東南）、六（今安徽六安北），或在許（六安附近）。他們的祿位都是世襲的。夏朝的高官還有羲氏、和氏家族，世掌天文、曆法和政教、農事等。又有六卿掌軍事，大理掌刑獄，牧正、庖正、車正、工正等分掌畜牧、膳食、車服百工，各有祿位。

夏朝政治制度的基本情況即如上述。具體的統治或庶政機構還有很多，各有執事之官。如文獻記載，夏禹時，已有贖刑之法。《尚書·周書·呂刑》載：「（周）穆王訓《夏贖刑》。」《孔安國尚書傳》云：「呂侯以穆王命作書，訓暢《夏禹贖刑之法》，更從輕以布告天下。」《左傳·昭公四年》則云：「夏啟有鈞台之享。」總地看來，夏朝的政治制度已非堯、舜時之草創可比，已相當完備。這些制度的基本職能可以分為兩個方面：一是主要職能，為保護以奴隸主貴族為主的私有財產者的既得利益，管制、鎮壓以廣大奴隸群眾為主的勞動人民的反抗行為。二是維持社會秩序的穩定，調和剝削階級和被剝削階級的關係，維護、關注社會的公益事業，以及安定人民的生產和生活，還有抵禦外侮等。夏朝是奴隸制社會的上升時期，雖然許多制度主要是為奴隸主階級的剝削和壓迫服務的，充滿了殘酷和不幸；但從社會發展的角度來說，它屬於新生物，是不可避免的，有其歷史發展的必然性和必要性。為後代儒家所盛讚的夏、商、周三代，就是在這一矛盾着的社會情況下向前發展的。

二 土地國有制與賦稅用「貢」法

（一）土地國有制度

夏朝實行土地國有制，將勢力所及，以王畿為中心，自內及外，以五百里的寬度為限，劃分為五個圓形地帶，叫作五服，也就是五個勤於王事的負擔單位。第一圈為甸服，貢納粟米芻藁；第二圈為侯服，負擔徭役；第三圈為綏服，奉宣教令；第四圈為要服，嚴守律法；第五圈為荒服，因俗而治。各服內的諸侯、采邑、氏族、部落、部族的首領或頭人都要保衛疆土，履行職貢。④

徵收賦稅的地區主要在甸服，所收主要是農業稅。夏朝官府對於農業生產很關心，羲氏與和氏等主天文曆法及農事的官吏都與農業生產有關。田地劃分為畝積，分配給農家自種自食者稱作私田；由各農家代耕，收穫物歸官家者稱作公田。這是一種必要勞動和剩餘勞動分離的勞役地租形態，也叫作代役地租。國家收取地租既是國家實現其土地所有權的經濟形態，也是國家實現其財政徵收的經濟形式。當時，地租與地稅尚未分化，是結合在一起的。傳自夏朝的曆法《夏小正》一書首條曰：「農率均田……初服於公田。」服，就是工作的意思。漢儒戴德編輯的《大戴禮記》在此解釋說：「古有公田焉者，古（故）言先服公田，而後服其田也。」也就是說，當時的制度，是先在公田裡工作，然後才在自己的田裡工作。

（二）「夏后氏五十而貢」

《孟子．滕文公上》這樣記載夏商周的賦稅制度：「夏后氏五十而貢，殷人七十而助，周人百畝而徹，其實皆什一也。徹者，徹也；助者，藉也。……惟助為有公田，由此觀之，雖周亦助也。」今天史學界的多數人認為，夏朝授田，為每戶五十畝。所謂「貢」的「什一」之稅，即納五畝之租，同於殷人納七畝之租，周人納十畝之租。夏之「貢法」與商之「助法」、周之「徹法」相同，都是「藉民力以耕種公田」，即勞役地租，又都行「什一」之稅。可是，孟子認為貢法與助法僅是形式相同，其實質，也就是兩者的稅額比例並不相同。夏的貢法實行定租制，不論年景豐歉，稅額的數量不變；商與周的助法實行分租制，稅額的數量隨年景的豐歉情況而變化，豐年多納，歉年少納。所以，孟子引龍子的話說：「治地莫善於助，莫不善於貢。」因為貢法是比較若干年的收成得出平均數，作為固定的徵收標準。豐年不多收，荒年也不少收，對農民來說很不合理。孟子與龍子對於貢法和助法之優劣的評論是正確的。⑤

三　夏桀無道，商湯伐而代之

（一）夏桀的黑暗統治

夏朝的前兩代帝王，即禹和他的兒子啟，都有所作為。可是至第三代太康，由於愛好遊樂，不關心人民的生產和生活，政治黑暗，國力虛弱，階級矛盾一度尖銳。東夷的部族首領后羿乘機伐夏，太康被逐，國家滅亡，史稱「太康失國」。太康死，弟中康立，成立流亡政權。至其孫少康時，在舊臣和親族的援助下，打敗敵人，奪回政權，史稱「少康復國」。此後，夏朝的政治和社會情況都有所恢復和發展。可是到夏朝後期，禹的第十一代（十四傳）孫孔甲是個昏庸無道的帝王。《史記·夏本紀》曰：「帝孔甲立，好方鬼神，事淫亂。夏后氏德衰，諸侯叛之。」

孔甲死後，傳位至其曾孫履癸，就是夏桀，這是中國古代史上少有的臭名昭著的帝王。他為個人享樂，築傾宮、瑤台。蕭統編《文選》卷三張衡《東京賦》注引《汲塚古文》曰：「夏桀作傾宮、瑤台，殫百姓之財。」傾宮是因宮室高大聳立，如欲傾墜而得名；瑤台是用玉石裝飾而成，華麗無比。宮中美女如雲，倡優婆娑。又設酒池糟山，在酒池中划船，有三千人牛飲，醉死者橫臥池中。在糟山上作樂，不分晝夜。西漢學者劉向《列女傳·夏桀末喜傳》則記載：「桀既棄禮義，淫於婦人，求美女，積之於後宮，收倡優、侏儒、狎徒能為奇偉戲者，聚之於旁。造爛漫之樂，日夜與末喜（妺喜，夏桀的寵妃）及宮女飲酒，無有休時。置末喜於膝上，聽用其言。昏亂失道，驕奢自恣。為酒池可以運舟……醉而溺死者，末喜笑之以為樂。」夏桀還恬不知恥地吹噓自己就是天上的太陽。可是人民群眾已極痛恨他，咒罵說：「時日曷喪！予及汝皆亡。」就是情願和他同歸於盡（《尚書·商書·湯誓》）。夏桀還向周邊方國和部落掠奪美女和財物，遭到強烈反抗。

（二）商湯弔民伐罪

夏桀在政治上倒行逆施，近小人，遠君子，剛愎自用，聽信讒言，統治集團內部矛盾重重，鬥爭激烈。正直清廉者或遭殺害，或離他而去。夏桀在位數十年⑥，已眾叛親離。

這時，東夷中被稱作商的一部（居今河南商丘南），勢力日益強大。首領叫湯，是一位英明的君主，甚得人民的愛戴。反對夏桀的方國和部族也多投向商湯。他們以湯為首，發動了一場討伐夏桀的戰爭，史稱「弔民伐罪」，就是撫慰人民，討伐有罪。《孟子．梁惠王下》曰：湯伐夏，「誅其君而弔其民，若時雨降，民大悅」。聯軍在湯的領導下，大敗夏桀軍於鳴條（今河南封丘東），桀逃到南巢（今安徽巢湖東北）而死，夏朝滅亡。夏朝從禹至桀，共傳十七君，十四世，歷四百七十一年。

注釋：

① 裴駰《史記集解》鄭玄曰：「息慎，或謂之肅慎，東北夷。」又據司馬貞《史記索隱》：發，當作「北發」，長，當作「長夷」。張守節《史記正義》謂「鳥夷」的「鳥」或作「島」。

② 《史記》卷三《殷本紀》。司馬貞《史記索隱》曰：「按：夏、殷天子亦皆稱帝，代以德薄不及五帝，始貶帝號，號之為王，故本紀皆帝，而後總曰『三王』也。」

③ 本表所用夏朝帝王世系及帝王名稱均據《史記・夏本紀》。帝予異名杼，帝槐異名芬，均據《史記索隱》注明。

④ 本五服說據《尚書・夏書・禹貢》。又同書《虞書・益稷》：「弼成五服，至於五千。」《孔安國尚書傳》：「五服，侯、甸、綏、要、荒服也。服，五百里。」

四方相距為方五千里。」又周稱侯、甸、男、采、衛為五服。見《尚書．周書．康誥》。各說大同小異。

⑤ 朱熹《四書章句集注》稱龍子為「古賢人」。《尚書．夏書．禹貢》對「五百里甸服」之貢，有具體規定：「百里賦納總」，即賦禾稿以飼馬；「二百里納銍」，即納收割工具；「三百里納秸服」，即運送秸稿；「四百里粟」，即輸粟；「五百里米」，即輸米；粟與米有粗、精之別，按什一之稅輸納。此可參考。

⑥ 夏桀在位時間，文獻記載不同，少者三十餘年，多者五十二年。

第三章　商族的興起和商朝的奴隸制國家

夏、商、周，史稱三代。第二章已講述了夏朝的興亡和商朝的興起。《孟子．離婁上》曰：「三代之得天下也，以仁；其失天下也，以不仁。」朱熹《四書章句集注》解釋說：「三代，謂夏、商、周也。禹、湯、文、武，以仁得之；桀、紂、幽、厲，以不仁失之。」孟子的仁政學說是中國政治文明的重要理論成果之一。夏朝的興亡和商朝的建立，才是三代史的一半。僅此三代史的一半，已證明了他的學說是正確的。以下將講述商朝和西周的興亡史，亦將繼續證明孟子的學說是正確的。

一 「天命玄鳥，降而生商」

西周時期，商朝的後裔微子啟受周封、建立宋國後，在祭祀祖先時，演奏了一些歌頌祖先功德的詩歌。其中有一組名《玄鳥》，後來收入《詩經．商頌》。詩中講到商族的來源和興起經過。詩曰：

> 天命玄鳥，降而生商。
> 宅殷土芒芒，古帝命武湯，正域彼四方。

這首膾炙人口的詩歌是說商族的始祖是玄鳥（燕子）所生，名叫契（xiè）。始祖為玄鳥或其他鳥類所生的傳說，在東夷各族中廣泛流傳。鳥類是東夷各族的圖騰。由此可以推知，商族為東夷的一支。《史記》卷三《殷本紀》也記載了這個故事。其中說，殷契的母親叫簡狄，是有娀氏的女兒，帝嚳的次妃。一次，簡狄等三人出外洗澡，看見「玄鳥」掉下一隻蛋，簡狄取來吞下，於是就懷孕生了契。契長大以後，輔佐禹治水有功，被分封到商，賜姓子氏。他生活在堯、舜、禹的時代，建功立業，為百姓所傳頌。前文「導言」中所引「郯子論官」有云：「我高祖少皞摯之立也，鳳鳥適至，故紀於鳥，為鳥師而鳥名。鳳鳥氏，曆正也。玄鳥氏，司分者也。」司馬遷說契是帝嚳的次妃所生，以玄鳥為圖騰，並說帝嚳「娶娵訾氏女，生摯。帝嚳崩，而摯代立」（《史記．五帝本紀．帝嚳》）。郯子又說「少皞摯」以玄鳥為圖騰之一。不論二說中的「摯」是一人還是二人，他們都屬於東夷，都以玄鳥為圖騰，當是可信的。現代甲骨文專家胡厚宣教授在四十年前，用甲骨文資料證明，商族先公王亥的「亥」字上刻有一鳥形字畫。他說：「王亥之亥而從鳥，乃商族以鳥為圖騰之確證。」又說：「玄鳥是接受了上帝的命令來誕生商族的。」① 玄鳥（燕子）在黃河流域是一種候鳥。隨一年中季節的變化，春天自南方飛來，秋天又向南方飛去，與農事曆極相吻合。古代農業民族奉玄鳥為神鳥，可以理解。郯子說：「鳳鳥氏，曆正也。玄鳥氏，司分者也。」曆正是主曆法之官；司分是主春分、秋分之官，與玄鳥春去秋來一致。此時商族正由母系氏族社會向父系氏族社會過渡。簡狄是商族的女性始祖，契是商族的男性始祖。商人的主要生產和生活地區大約在今河南東部、山東西部、河北南部，西與夏朝的主要統治區為鄰。

二　先商的宗法制

商的始祖契與夏禹為同一時代的人物，又曾同朝為帝舜的重臣，且受封於商。舊說夏人建國稱帝，而商人仍停留在原始社會後期，直到商湯滅夏，才得以建國，似不合邏輯，也不合於歷史實際。按理推斷，夏人建國時的商族應當也已進入階級社會，至少是一個方國，已建立了早期的政治統治機構，有了比較穩定的疆域範圍，也有都城。為與湯所建商朝有所區別，本書從學術界的通行做法，稱湯以前之商為先商，稱其君長為先公先王。

先商先公王世系表[2]

（約前二〇七〇—約前一六〇〇）

（一）契—（二）昭明—（三）相土—（四）昌若—（五）曹圉—

（六）冥（季）—（七）振（王亥）—（八）微（上甲）—

（九）報丁—（十）報乙—（十一）報丙—（十二）主壬（示壬）—

（十三）主癸（示癸）—（十四）天乙（大乙、唐）

（一）先商宗法制政權的基本情況

契在舜時，任司徒，主管民事。他在封國商建立了以早期宗法制為主幹的政權制度，並世代傳襲。《史記·殷本紀》曰：「契卒，子昭明立。昭明卒，子相土立。相土卒，子昌若立。昌若卒，子曹圉立。曹圉卒，子冥立。冥卒，子振立。振卒，子微立。微卒，子報丁立。報丁卒，子報乙立。報乙卒，子報丙立。報丙卒，子主壬立。主壬卒，子主癸立。主癸卒，子天乙立，是為成湯。」自契起，至於成湯，凡十三傳，共十四世。都是「父死子繼」，無一或缺。這樣的世代相襲的制度從血緣關係來說，宗統已經形成；從政治制度來說，君統也已形成。所以說，先商不僅存在着國家政權，其政治制度也已相當明確，比夏朝的制度並不落後。

（二）先商政權存在的可信性

司馬遷所記先商先公先王的世系及王位世襲相當明確具體。可是由於年代久遠，又無其他可信的史料流傳佐證，因之到了近現代，學術界多持懷疑的態度，甚至認為不可信。近代學者王國維先生對他所見到的商代甲骨文資料進行了深入的研究，寫成《殷卜辭中所見先公先王考》與《殷卜辭中所見先公先王續考》二文，對《殷本紀》中所開列的先公先王及其世系一一對照考證，所得結果，除個別人名有疑問，大多數人名及其世系都得到證實，從而做出了「《史記》之為實錄，且得於今日證之」的結論。③至此，學術界對於《史記》所記先商先公的世系基本確信。這是王國維為殷商史研究做出的一大貢獻。可是王國維定義的宗法制度有些過高過大，在他的眼中，宗法制應包括當時所有的政治、禮儀、宗親、風俗等主要制度和習慣，在一切尚稱簡陋的先商乃至商朝，不會產生宗法制度。他認為只有西周周公制定的宗法制度才是宗法制度。這未免過於偏頗和片面，也不符合歷史事實。

（三）干日廟號制的產生是政治文明的進步

用廟祭先祖由來甚早，商族至晚始於祀契之時。但直至第七代祖振時，尚未見以干日名廟號之事。直至第八代祖上甲微時，以干日名廟號之事始見，而且後代因之，成為定制。此制的出現對先商的名號制度來說，是一個重要的創造，也是一個進步。王國維也肯定了此事。他說：「上甲以降皆以日名，是商人數先公當自上甲始。」④但是對於干日由何而來，歷代學者們的解說並不一致。如三國蜀之譙周和西晉之皇甫謐兩人之說就有很大的不同。據唐代司馬貞在《史記．殷本紀》「子微立」

條索隱中的引文，皇甫謐認為，商代先公微的字叫上甲，這是因為他出生在甲日。此後形成習慣，「商家生子，以日為名」。譙周則認為「甲」是微死後的廟號。近年，白鋼主編《中國政治制度史》中有更明確具體的論述：「（商朝）每位王死後，都要選擇甲乙丙丁等十干中的一干日為名，稱為『廟號』，如大乙、大丁、外丙、中壬等的乙、丁、丙、壬即是廟號。廟號也是祭日，即在這一干日舉行祭禮該王的典禮。廟號的產生是死後通過占卜選擇決定的。後世子孫占卜得到的廟號干日若有與其先祖相同者，則在干日字前加區別字，如從湯到紂的三十一王中，卜得以『甲』為廟號者的六位，於是在廟號干名前加區別字，分別稱為大甲、小甲、河直甲（戔甲）、沃甲（羌甲）、陽甲、祖甲，這樣就不至於相混。」⑤所論雖為商朝，但先商的情況也是如此。如《殷本紀》載：「微卒，子報丁立。報丁卒，子報乙立。報乙卒，子報丙立。報丙卒，子主壬立。主壬卒，子主癸立。主癸卒，子天乙立，是為成湯。」由此可以看出，譙周之說是合於先商制度的。

三　商湯滅夏的進步意義

商自契受封之後，可能由於地處黃河下游，水災不斷，據說自契至湯曾八遷其國都。至湯時，又遷回故都亳（今河南濮陽）。湯是一位勤於政事的君主，又重用賢人，國土雖小，人口不多，但政令暢行，人民擁護。《淮南子．修務訓》曰：「湯夙興夜寐，以致聰明；輕賦薄斂，以寬民氓；布德施惠，以振困窮；弔死問疾，以養孤孀；百姓親附，政令流行。」湯不僅受到本國人民的擁護，也受到鄰國及遭受夏桀欺壓的各個部落、方國的愛戴。他在伐夏時，受到普遍歡迎。他伐夏是從滅夏之盟國葛（今河南寧陵東北）開始的，繼之又滅韋（今滑縣東南）、顧（今山東范縣）和昆吾（今河南許昌）等。各國人民都盼望商軍早些前來，以獲得解放。其期待迫切之情，「若大旱之望雲霓」。商軍紀律嚴明，秋毫無犯，「歸市者不止，耕者不變」。孟子評論商湯伐夏桀的戰爭是：「誅其君而弔其民。若時雨降，民大悅。」（《孟子．梁惠王下》）

商之滅夏，是中國古代歷史上發生的第一次王朝更替，影響極大。歷代的不少政治家和學者，都曾對此事件進行過檢討。議論雖多，但總離不開「民惟邦本，本固邦寧」（《尚書．夏書．五子之歌》）這句老話。此話是民本政治的理論核心。《管子．輕重甲》記載了春秋前期兩位大政治家齊桓公和管仲就商湯滅夏一事進行的討論。齊桓公問管仲：「夫湯以七十里之薄，兼桀之天下，其故何也？」管仲回答說：夏桀冬天不讓在河上架橋，夏天不讓在河裡渡筏，以觀看人們受凍被淹為樂。

他還把母老虎放到街市上，觀看人們驚駭的樣子，用以取樂。湯則不然，他收貯蔬菜和糧食，救助貧寒的人們。因此「天下歸湯若流水」。這就是桀失去天下的原因。

四　商朝的政治制度

湯在滅夏之初，確實存在着一個「以七十里之薄，兼有桀之天下」的大問題。就是說「桀之天下」對於當時的商，是超負荷的。不僅這樣，「桀之天下」是一個破爛攤子，商之滅夏，面臨着百廢待興的局面。以往的研究觀點，將湯滅夏以前的商定位為原始社會末期，或謂之氏族公社時期，這是難以自圓其說的，也不符合歷史實際。本書認為此時的商已是社會經濟相當發展、各項制度相當完備的早期國家。所以商之代夏，雖有很多艱難，但總地說來，還是有比較好的條件繼承夏朝已有的事業的。《論語．為政》記載孔子的話說：「殷因於夏禮，所損益可知也。」可見商湯將先商已有的文化與夏朝的優秀文化結合，形成了新的、自己的文化傳統。

商朝王系表

（約前一六〇〇—約前一〇四六）

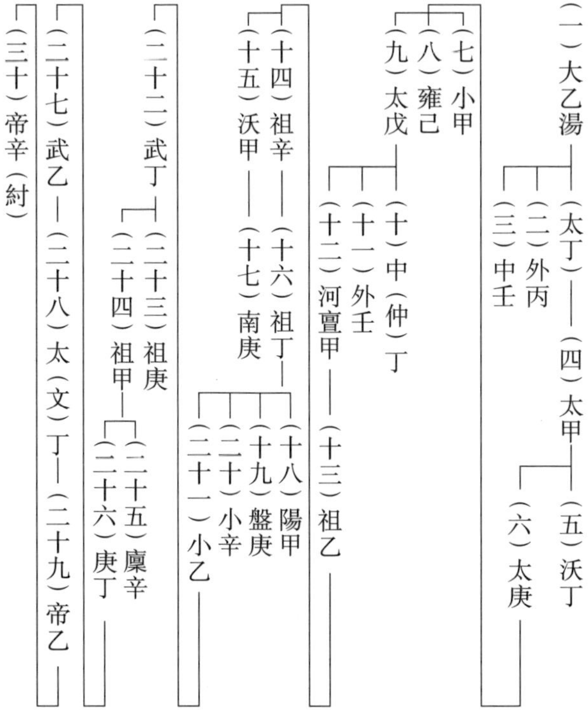

（一）以「父死子繼」為主、「兄終弟及」為輔的王位世襲制度

商朝所行王位世襲制比夏朝和先商又有新的發展，而且也更嚴密，也就是說使宗統和君統有了更緊密、更明確的結合。其基本特點就是以「父死子繼」為主，以「兄終弟及」為輔；子以「嫡」為主，弟以「長」為先。如《史記．殷本紀》記載：「湯崩，太子太丁未立而卒，於是乃立太丁之弟外丙，是為帝外丙。帝外丙即位三年，崩，立外丙之弟中壬，是為帝中壬。帝中壬即位四年，崩，伊尹乃立太丁之子太甲。太甲，成湯嫡長孫也，是為帝太甲。」又曰：「帝沃甲崩，立沃甲兄祖辛之子祖丁，是為帝祖丁。」此為傳侄，但其後卻傳回至原嫡系。「帝祖丁崩，立（其父祖辛之）弟沃甲之子南庚，是為帝南庚。帝南庚崩，立帝祖丁之子陽甲，是為帝陽甲。」此為傳位給三服之侄，但也是傳回至

原嫡系。司馬遷雖同意回傳至嫡系，但對血緣過遠而回傳，也持批判態度，因此在《殷本紀》裡總結說：「自中丁以來，廢嫡而更立諸弟子，弟子或爭相代立，比九世亂，於是諸侯莫朝。」《殷本紀》記商之最後的五代王位的承襲更加具體。文曰：「帝庚丁崩，子帝武乙立。……武乙震死，子帝太丁立。帝太丁崩，子帝乙立。……帝乙長子曰微子啟，啟母賤，不得嗣。少子辛，辛母正后，辛為嗣。帝乙崩，子辛立，是為帝辛，天下謂之紂。」白鋼主編《中國政治制度史》是支持司馬遷的觀點的。其中說：「商代王位繼承制度雖然有弟及現象，但其主幹仍是以傳長為常法。但無論如何，王位都在前王之子（或孫）中傳襲，王位由子姓的商朝王族一家獨佔的王權世襲制已經確立。」⑥

（二）以「兄終弟及」為主、「父死子繼」為輔說不可信

王國維認為，商朝沒有「嫡庶之制」，只有君統，沒有宗統。他說：「商之繼統法，以弟及為主，而以子繼輔之，無弟然後傳子。自湯至於帝辛二十九帝中，以弟繼兄者凡十四帝。（原注：此據《史記．殷本紀》。若據《三代世表》及《漢書．古今人表》則得十五帝。）其傳子者，亦多傳弟之子，而罕傳兄之子，蓋周時以嫡庶長幼為貴賤之制，商無有也。」⑦王國維的這一觀點是根據他對《殷本紀》所做統計數字得出的，就是「以弟繼兄者凡十四帝」。可是我所統計的數字與之有所出入，是弟繼兄者為十三帝，子繼父者為十六帝，其中包括了回傳原嫡系侄者三例。王國維又說：「若據《三代世表》及《漢書．古今人表》則得十五帝。」此說亦不可信。因為根據《三代世表》的原文，傳子者十五人，傳弟者十四人，但其中誤子為弟者兩處。一曰：「帝外丙，湯太子太丁

早卒，故立次弟外丙。」是謂商湯因太子早卒而立次子，並非太丁立弟。二曰：「帝小甲，太庚弟。」此處誤，小甲是太庚之子，有《殷本紀》為證。文曰：「帝太庚崩，子帝小甲立。」經校正，《三代世表》所載，應為傳子者十七人，傳弟者十二人，共傳帝二十九人。經反覆測算，一直未能得出王國維「十五帝」的結論。再檢《古今人表》，傳子者十五人，傳弟者十四人，其中誤子為弟者三處。一曰：「外丙，太丁弟。」此誤同於《三代世表》。二曰：「中丁，太戊弟。」三曰：「祖乙，河亶甲弟。」皆誤子為弟。《殷本紀》曰：「帝太戊……諸侯歸之，稱中宗。中宗崩，子帝中丁立。」又云：「河亶甲崩，子帝祖乙立。」可證。《古今人表》中亦有誤弟為子者一處，曰：「小辛，盤庚子。」《殷本紀》則曰：「帝盤庚崩，弟小辛立，是為帝小辛。」經校正，《古今人表》所載，應為傳子者十七人，傳弟者十二人，共傳帝二十九人，與《三代世表》同。經反覆測算，亦未能得出王國維所得出的「十五帝」的結論。至此，《殷本紀》《三代世表》《古今人表》三者所載經校正後，可以毫無疑義地證明：商朝所行的「宗統」與「君統」相結合的王位世襲制是以「父死子繼」為主、「兄終弟及」為輔為基本原則。王國維見「弟」即收入「弟繼」之中的統計方法失於考察。

王國維所說的「其傳子者，亦多傳弟之子，則罕傳兄之子」，也是一種怪說。此說來自司馬遷，但卻失於詳考，曲解了司馬遷的原意，用以強化他的「以弟及為主，而以子繼輔之，無弟然後傳子」之說。司馬遷原謂：「自中丁以來，廢嫡而更立諸弟子，弟子或爭相代立，比九世亂，於是諸侯莫朝。」在這個時段中，雖有「比九世亂」，但如歸故於「廢嫡而更立諸弟子，弟子或爭相代立」，似乎不符合史實，因為並無此類事發生。我認為「諸弟子」和「弟子」都衍一「子」字，原文應作「廢嫡而更立諸弟，弟或爭相代立」。這樣，基本上符合當時的史實。不管原文是否有衍字，都無助於強化王國維之說。尤其所謂「多傳弟之子」之說，更無史實根據。在司馬遷所說的「比九世亂」中，只有「帝祖丁崩，立弟沃甲之子南庚，是為帝南庚」。可是沃甲並非祖丁之弟，而是他的叔父。南庚並非祖丁之侄，而是他的堂兄弟，王國維所謂的「多傳弟之子」，是指「兄終弟及」之弟傳位給自己的嫡子。這是宗法制的正常情況，無須指責。

（三）中央政權體制

商湯滅夏之後，一再向商人和夏人以及各方國部族宣告，他是「替天行道」的，他將繼承夏禹的事業以統治天下。《尚書．商書．仲虺之誥》記載商湯的講話說：「天乃錫王勇智，表正萬邦，纘禹舊服，茲率厥典，奉若天命。」又曰：「惟天生民有欲，無主乃亂。」

商湯所建政權，基本上以夏朝為模式，分中央和地方兩大部分。靠近邦畿的部分稱作內服。內服之外，稱作外服。內服主要為供職於中央之官。《尚書．周書．酒誥》曰：「越在內服：百僚庶尹、惟亞、惟服、宗工。」這些官名亦見於甲骨文。文獻記載，商朝在中央設相，也稱冢宰、宰相，是國王的主要助手，也是百官之長，無所不統。同書《商書．伊訓》曰：「百官總已，以聽冢宰。」商朝的名相很多，伊尹是最早也是最著名的一位，出身於奴隸，作為有莘氏女的陪嫁之奴到商湯身邊，受到重用。他協助商湯滅夏，立有大功，當了宰相。後輔佐外丙、仲壬、太甲三王，為商朝的政治、經濟、文化的建設和發展奠定了基礎。商湯曾將伊尹比作國家的「良醫、善藥」（《墨子．貴義》），評價極高。與伊尹同時的還有仲虺，伊尹為右相，他為左相，是一位道德高尚的學者，也是一位戰略家。商朝後期的名相有傅說，也是奴隸出身，曾從事於版築勞動。《墨子．尚賢下》記載：「昔者傅說，居北海之洲，圜土之上，衣褐帶索，庸築於傅岩之城。武丁得而舉之，立為三公，使之接天下之政，而治天下之民。」

相以下，有卿士、三公等官，可能都是高官的榮譽虛銜。執事官有帥、史、卜、祝、臣、小臣、百工等，分掌天文、曆法、占卜、祭祀、農事、手工及文化、經濟等庶政。武官有師、馬、多馬、射、多射等，主軍隊、車馬、射擊等武事。軍隊的編制有師、旅、行等。師為最高軍事單位，旅次之，行又次之。各級都分右、中、左三部。在甲骨文中有「乍三師：右、中、左」的記載，又有「右旅」「王旅」「左旅」「東行」「中行」「上行」等名稱。商王一次可出兵三千或五千人，多時達一萬三千人，有步兵，也有車兵。士兵主要由平民充當，也有奴隸。

主要官吏都由貴族或氏族、部落首領充當，以封國或采邑為俸祿，多世代相襲，是「世卿世祿」制（又稱「世官世祿」制）的早期形態。

（四）地方統治體制

商朝的地方統治體制相沿於夏朝，有所發展和改善。《尚書．周書．酒誥》曰：「越在外服：侯、甸、男、衛、邦伯。」亦稱作五服，此五服與周之五服雖在名稱上有所不同，但其範圍和對商王承擔的義務基本相同。在這個區域內，有許多原生的氏族、部落或方國、部族，也有一些商朝的貴族或古帝王後裔分佈其間。《呂氏春秋．離俗覽．用民》曰：「當禹之時，天下萬國，至於湯而三千餘國。」國家少了，但國家的規模和人口卻大而多了，這是不斷發展、不斷兼併的結果。這些方國或部落的名稱能保留下來的極少。《史記．殷本紀》曰：「契為子姓，其後分封，以國為姓，有殷氏、來氏、宋氏、空桐氏、稚氏、北殷氏、目夷氏。」司馬貞《史記索隱》云：「（稚氏）《系本》作『髦氏』。又有時氏、蕭氏、黎氏。然北殷氏蓋秦寧公所伐亳王，湯之後也。」這都是同姓諸侯。文獻還記有蒲姑、九侯、鄂侯、崇侯、惡來、豕韋等諸侯，都與商有較密切的關係。遠在西北和西南地區的有荊蠻、庸、蜀、羌、髳、微、盧、彭、濮及氏等族。《尚書．周書．牧誓》載：「王（周武王）曰：嗟我友邦塚君……及庸、蜀、羌、髳、微、盧、彭、濮人。」《詩經．商頌．殷武》曰：「昔有成湯，自彼氐、羌，莫敢不來享，莫敢不來王。曰商是常。」見於甲骨文的，還有杞、𧴪、土、盂、歸等方國。這些諸侯、部落或方國與商王的關係有親有疏，有貢納關係，有時亦發生對立，乃至戰爭。

五　土地國有制與賦稅用「助」法

（一）井田制的產生

商朝建立後，亦行用土地國有制。在五服之侯、甸地區，徵收賦稅，主要徵收糧食稅。自國王至於諸侯、貴族等，把耕地分配給農家耕種，農家為奴隸身份。田地分為公田和私田兩類，公田由農家代耕，收穫物歸田地的所有者或佔有者；私田由農家自種自收。這是一種勞役地租形態，或稱之為代役租制。這種田地的經營方式在歷史上稱作井田制，而且說只有西周時期實行這種制度。實際上商朝已經實行這種制度，而且見於文獻和甲骨文。文獻中最早的記載，如《尚書．商書．盤庚上》曰：「若農服田力穡，乃亦收秋。」又曰：「惰農自安，不昏作勞，不服田畝，越其罔有黍、稷。」在甲骨文中，還有商王向上天祈禱豐收的記錄，如「王大令眾人曰協田！其受年」。「北土受年，西土受年，南土受年，東土受年。」⑧當然僅僅從這些資料上還看不出是否有井田制存在。但證諸甲骨文，井田之制應是存在的。如郭沫若所說：「殷代是在用井田方式來從事農業生產的，這從甲骨文字中的一些象形文字可以得到證明。例如在卜辭中常見的田字就是一個方塊田的圖畫，殷代必然有四方四正的方塊田，才能產生得出那樣四方四正、規整劃分的象形文的田字。其在周代是以一田為一個單位計算的，可以證明一個田必有一定的畝積。……殷人的田也必有一定的畝積。」他還舉出甲骨文的實例：

己巳、王刞（鋤），坙囲。（《殷契粹編》一二二一片）

甲子、貞于下尸刖丞囲。（甲）子、貞于□方丞囲。（同上一二二三片）

王令×丞囲。（同上一二二二片）

王令丞囲囲。（同上一五四四片）⑨

郭沫若用實物論證了井田制在商朝已經存在。

（二）「殷人七十而助」

孟子對商朝的井田制講得更加具體，而且也講到了稅制。關於此事，前文第二章在講夏朝的土地所有制與賦稅制度時已有所涉及。如所引《孟子．滕文公上》曰：「夏后氏五十而貢，殷人七十而助，周人百畝而徹，其實皆什一也。」孟子在這裡肯定了夏之貢法、殷之助法、周之徹法都是實行勞役地租，而且其稅額「皆什一也」。但就夏和商來說，其稅制有兩點並不相同。其一，授田的數量不同。夏朝每戶授五十畝，行什一之稅，稅田為五畝。商朝每戶授田七十畝，行什一之稅，稅田為七畝。授田數量不同，沒有性質上的差別，因之問題並不很大。其二，所行稅不同。夏朝的貢法是行定租制，其定租數量是「校數歲之中以為常」。農民雖以什一之名代耕公田，但卻不以什一之收穫納租，而是按照數年的平均產量繳納。對農民來說，是風雨不誤；對官家來說，是旱澇保收。而商朝的助法則不同，是行分租制，不僅其代耕公田的數量相當於其所耕公私田總數的什一，就是每年所納地租的數量，也約相當於農家所收公私田總產量的什一。其絕對數值因「樂歲」或「凶年」有所升降。這種稅制對農民來說，優於貢法。所以孟子在介紹了這兩種稅法之後，引賢人龍子的話評論說：「治地莫善於助，莫不善於貢。」因為貢法是比較若干年的收成得出一個平均數，作為統一的徵收標準。豐年不多收，荒年也不少收，對農民來說很不合理。統治者號稱民眾的父母，使民眾整年辛勤勞動，結果卻養活不了自己的父母，還得去借高利貸來湊足稅額，以致一家老小拋屍露骨於田野山溝之中，「惡在其為民父母也？」龍子的這段評論也許是一種推論，但行貢法確實不如行助法，商人行助法，是租稅制的一大進步，也是農業生產關係的一大改善，這是應當肯定的。

六　商朝由盛而衰的基本情況

商朝自湯建國至紂（帝辛）亡國，共歷三十帝，十七代，二十九傳，歷時四百九十六年。其間有治有亂，有盛有衰。就政治因素來說，當時還是人治為主的時代，帝王的個人品德起着重要的作用。但是制衡制度已經有所萌芽。有了制衡制度，忠貞耿直的臣僚才有可能真正發揮其輔弼的作用。依據商朝治亂盛衰，其歷史可劃分為四個階段。

（一）商湯創業，國步維艱

商湯滅夏之初，雖然已有相當的治國經驗，而且也因順應潮流，奪得天下，受到人民群眾和各諸侯國的歡迎，可是畢竟是以一個小國之君繼承了一個極大的破爛攤子，所面臨的問題很多，有的還很嚴重。所以他一再發佈文告，要百官、諸侯們「有功於民，勤力乃事」。有違政令的，輕者治罪，重者奪削國邑。他還「改正朔，易服色，上白，朝會以晝」（《史記．殷本紀》）。「正」謂一年的開始，「朔」謂一月之初。湯改夏朝建寅（以農曆正月為歲首）制為商朝建丑（十二月為歲首）制，表示夏的正統已經廢除，商的正統已經確立。（《禮記．大傳》）孔穎達疏：「改正朔者，正謂年始，朔謂月初。言王者得改，示從我始，改故用新，隨寅、丑、子所損也。……易服色者，服色車馬也。易之謂各隨所尚赤、白、黑也。」「改正朔，易服色」是樹立「從我開始」的政治思想的標誌。

湯在位十三年，太子太丁先他去世。所以湯去世後，次子外丙繼位。外丙三年又去世，外丙弟中壬繼位。中壬四年又去世，由大臣伊尹主導，回立前太子太丁之子太甲，太甲是湯的嫡長孫。但太甲年輕，需要培育，伊尹以元老冢宰師傅之尊，自覺地擔負起了輔佐匡弼的重任。在太甲繼位時，他發佈《伊訓》《肆命》《徂後》等文告，以教導、訓誡國君太甲和百官、諸侯。《伊訓》曰：「伊尹乃明言烈祖（湯）之成德，以訓於王。」訓勉他們要謹守祖業。嚴禁「三風」（巫風、淫風、亂風）。

犯其一者，卿士滅家，邦君亡國，臣下匡正不力者處以黥刑或處死。《肆命》和《徂後》兩篇重申湯之所立「政教」和「法度」。⑩

可是太甲即位之初，表現極不好，「暴虐，不尊湯法，亂德」。伊尹為了對太甲嚴加管教，大膽而堅決地將太甲流放到了遙遠的離宮——桐宮，自己代行國王的大權。事過三年，太甲果然反省自責，改過向善。伊尹又迎他回朝還政。《史記．殷本紀》說：「帝太甲修德，諸侯咸歸殷，百姓以寧。」伊尹也很高興，為了讚美太甲，作文告三篇，稱作《太甲》上、中、下，歷述太甲初立、流放至後來回歸復政之事，要太甲永記不忘。太甲復政後，伊尹以年老退休。行前，又作《咸有一德》一文，告誡太甲和朝臣，要做到「君臣皆有純一之德」，要行德政於民。文章結合夏亡商興的歷史實際曰：「非天私我有商，惟天佑於一德；非商求於下民，惟民歸於一德。」國君要做到「任官惟賢材，左右惟其人。臣為上為德，為下為民」。文章最後說：「德無常師，主善為師；善無常主，協於克一。」此文把政治與道德聯繫在一起，使暴力一元政治觀發展為以暴力為手段、以道德為靈魂的二元一體政治觀，這是政治理性覺醒的開始，也是統治階級覺悟到要行德政、仁政的開始，開後代民本政治的先河。太甲去世，伊尹等為太甲立廟，稱太宗，以褒揚太甲之德政。伊尹去世，帝沃丁用天子之禮安葬，以彰顯他的豐功偉績。

(二)「比九世亂，諸侯莫朝」

伊尹和沃丁相繼去世，商朝一度衰弱。太戊繼位，用伊尹之子伊陟為相，大修德政，改善吏治。「殷復興，故稱中宗。」可是中宗去世，他的兒子中丁繼位，商朝從此陷入了混亂的時期。關於混亂的原因，司馬遷是這樣說的：「自中丁以來，廢嫡而更立諸弟子，弟子或爭相代立，比九世亂，於是諸侯莫朝。」此時有一個重要情況值得關注，就是遷都頻繁。如商之第七世中丁，自亳遷囂（今河南滎陽東北）；第十二世河亶甲，自囂遷相（今內黃東南）；第十三世祖乙，自相遷邢（今河北邢台）；第十七世南庚自邢遷奄（今山東曲阜東）。史載商朝自湯至盤庚，共二百餘年，遷都五次。而這九世之中就佔了其中的四次。遷都如此頻繁是否都是爭奪王位引起的，還是由於其他的原因，例如水災等，不得而知。看來遷至新都而長久居留的並不多，只有祖乙遷邢，似乎情況較好，有巫賢任相，「殷復興」。此時一再遷都的原因值得研究。至陽甲時，殷的國力大衰是事實。

（三）盤庚遷殷，武丁復興

陽甲去世，其弟盤庚繼位，決定再遷都於殷（今河南安陽小屯一帶）。盤庚遷都的原因，學術界比較關注，也有所討論。主要有三說：一，避水患；二，擺脱已染奢侈腐化之風的生活環境；三，解決王族內部鬥爭的需要。三說各有道理。比較而言，第三說更合理一些。當時盤庚主張遷殷，遭到許多貴族、官員的反對，人民群眾也有不少反對或思想不通者。遷殷成功之後，又有不少人抱怨。盤庚為此曾發佈了三篇文告，收在《尚書》中，名《盤庚》上、中、下三篇。其中向「邦伯、師長、百執事之人」講述當年「高后成湯與爾之先祖俱定天下」（《史記·殷本紀》）之不易，要他們遵守先輩創行的法令制度，聽從盤庚的命令，認清自己的職責，小心做好自己分內的事，不要胡說八道。如果違背命令，就要嚴懲不貸。盤庚軟硬兼施，遷殷之後的社會秩序逐步安定下來。《史記．殷本紀》評論曰：「（盤庚）行湯之政，然後百姓由寧，殷道復興。諸侯來朝，以其遵成湯之德也。」商自這次遷殷之後，直到紂王滅亡，歷二百七十餘年未再遷都。

盤庚去世後，他的兩位弟弟相繼即位，都不久去世，二弟小乙之子武丁即位。小乙在武丁的少年時代即重視對他的培養。曾讓武丁到民間參加農業勞動，與勞動人民一起生活。武丁即位之後，想大幹一番事業，想復興先祖成湯那樣的隆盛王朝。他首先到民間私訪，一方面體察民情，另一方面也在尋覓賢人入朝為官。他訪得正在為人築路的傅說，請他入朝為相。武丁「修政行德，天下咸歡，殷道復興」（《史記．殷本紀》）。他積極開疆拓土，對附近的方國、部族進行過多次戰爭。這些方國或部族見於甲骨文的有土方、𢀛方、夷方、馬方、龍方、鬼方、羌方等。鬼方在商之北境，比較強大。文獻多處講到武丁伐鬼方之事。

《周易．既濟．九三》曰：「高宗（武丁）伐鬼方，三年克之。」武丁還伐遠方的荊蠻、氐羌等。如《詩經．商頌．殷武》曰：「維女荊楚，居國南鄉。昔有成湯，自彼氐羌，莫敢不來享，莫敢不來王。曰商是常。」武丁對外戰爭動用的兵力很多，或三千人，或五千人，最多時達到一萬三千人。關於武丁時的疆域，《詩經．商頌．玄鳥》有云：「邦畿千里，維民所止，肇域彼四海。」「四海」當是指今天東邊的黃海，西邊的青海湖，南邊的雲夢澤（今洞庭湖一帶），北邊的渤海。《漢書》卷六四下《賈捐之傳》載西漢政論家賈捐之的話說：「武丁、成王，殷、周之大仁也。然地東不過江、黃，西不過氐、羌，南不過蠻荊，北不過朔方。」兩說基本接近。武丁去世後，王室和大臣們為了表彰武丁一生的功德，為他立廟祭祀，尊號為「高宗」。還作《高宗肜日》等文來紀念他。

七　商紂無道，周武王伐而代之

商朝畢竟是奴隸制社會，雖曾出現過幾位聖君賢相，代表了社會發展進步的一面，提出並注意推行德政，有利於社會的進步和人民生活的改善，但它的保守反動的一面始終存在，並且有時是嚴重的。在昏君主政時期及商後期，情況尤其如此。

（一）商朝後期的黑暗腐朽

商朝統治集團在政治和生活上日益黑暗腐朽的情況，大約在武丁後期已經開始了。《國語．周語下》曰：「（武丁之子）帝甲亂之，七世而殞。」⑪此說與《史記．殷本紀》所載完全一致。帝甲是武丁之次子祖甲，他繼兄祖庚之位，稱帝甲。「帝甲淫亂，殷復衰。」此後幾代商王，好逸惡勞，貪於享樂。《尚書．周書．無逸》曰：商之王族，「不聞小人之勞，惟耽樂之從」。如祖甲之孫「帝武乙無道，為偶人，謂之天神。……為革囊，盛血，印而射之，命曰『射天』。……殷益衰」（《史記．殷本紀》）。考古發掘所得資料揭露的情況更加真實具體，也更加殘酷。最突出的事例是用人祭祖、祭天，用人殉葬。據甲骨文記載，商王用於人祭的奴隸，一次多達數十人或數百人，最多達五百人。有砍頭，有焚燒，有宰割，也有活埋的。甲骨文所記「烄妾」，就是用火燒女奴以求雨；「沉妾」，就是把女奴投入水中以祭神；「伐羌」，就是殺死羌奴（羌人被俘為奴者）以祭祖。在甲骨文中有用人做祭品的記載，其中記有用人數量的為一千九百九十二條，共用一萬三千零五十二人；未記用人數量的一千一百四十五條，所用人數無從統計。用人殉葬簡稱人殉，是用奴隸為奴隸主貴族殉葬。在考古發掘中發現，很多奴隸主族的墓葬都有殉人，少的殉一二人，多的有數十人至兩三百人，最多的達到四百多人。著名的武官村大墓是在今安陽市武官村發現的商王陵墓，僅在墓室與墓道內的殉人就有七十九人。

在殷（安陽）地區時間較早、保存完好、具有典型性的帝王級陵墓是武丁的愛妃婦好的陵墓，此陵是一九七六年被發現並發掘的。陵位於小屯村附近，陵中殉人十五名，有男有女，還有小孩。殉葬品多達一千四百多件，其中僅青銅器一項就有四百多件。兩件大方鼎，通高八十二公分。此外，還有大量玉石器、牙雕等珍貴物品。這些物品都是通過對奴隸們進行殘酷剝削和奴役得來的。⑫

（二）商紂王的暴虐統治及其敗亡

商紂王是歷史上與夏桀齊名的暴君。文獻記載，他天資聰明，思想敏銳，體壯力大，能徒手搏鬥猛獸。可是他自即位以來，自恃聰明，文過飾非，好酒色，喜歡玩樂，唯愛妃的言論是從，對勞動人民卻進行殘酷的剝削和統治。《史記．殷本紀》曰：「（紂王）厚賦稅以實鹿台之錢，而盈鉅橋之粟。益收狗馬奇物，充仞宮室。益廣沙丘苑台（在今河北廣宗縣西北大平台），多取野獸飛鳥置其中。慢於鬼神。大取樂戲於沙丘，以酒為池，懸肉為林，使男女裸相逐其間，為長夜之飲。」不僅商紂王如此，許多大小貴族也沉湎於酒色，瘋狂剝削廣大奴隸和平民群眾，使奴隸主與奴隸之間、貴族與平民之間的矛盾日益激化。成批的奴隸逃亡，大量的平民流浪，甚至平民與奴隸們聯合起來，反抗奴隸主貴族。《尚書．商書．微子》曰：「殷其弗或亂正四方……小民方興，相為敵仇。」《詩經．大雅．蕩》曰：「如女殷商，如蜩如螗，如沸如羹。」奴隸們和破產平民們的反抗鬥爭日益激烈。

商朝末年的對外戰爭並未因國內矛盾加劇而停止。紂王之父帝乙曾親率軍隊征伐夷方長達兩年之久。紂王即位，對夷方的用兵規模更加擴大，幾乎將國內的青壯年都徵發往前線作戰，國內的階級矛盾更加劇烈。

紂王為了鎮壓人民的反抗，更加強其暴力統治，用嚴刑酷法及炮烙之刑懲治反對他的人。諸侯中的九侯、鄂侯、西伯姬昌（後來的周文王）本來都是屬於他的方國或諸侯，曾因受到他的信任和倚重，被封為三公或方伯。後紂王又因對此三人不滿，將九侯、鄂侯殺死，將西伯囚禁於羑里（今河南湯陰北），後又釋放。紂王對王室貴族持不同政見者也進行殘酷打擊。他的叔父比干任少師，因勸諫而被剖心致死。另一位叔父箕子任太師，也因勸諫而遭囚禁。他的庶兄微子啟因勸諫不聽而逃跑。原有的親信大臣，或被殺，或逃跑。紂王已到了眾叛親離、內外交困的地步。這時有人警告他：他的統治已岌岌可危了。可是他仍然堅持頑固的立場，回答說：「我生不有命在天乎！」原來忠於紂王的賢臣祖伊聽了這話歎息曰：「紂不可諫矣。」

西伯姬昌自被紂王放回之後，作為周的國君，積極積蓄力量準備滅商。許多對商紂王不滿的諸侯，也叛商而與周聯合。不久，姬昌去世，他的兒子姬發繼位，就聯合反商諸侯發動了滅商的戰爭，出兵直指商都。商朝這時國內空虛，連忙從東南前線調回部分軍隊，其中包括了相當多的夷人俘虜。這些雜亂的軍隊在與周的聯軍作戰時，大批與周軍聯合反商，即所謂「前徒倒戈」。商周雙方的軍隊在商的陪都朝歌（今河南淇縣）南部之牧野大戰，商軍大敗，紂王逃到城中的鹿台，被周軍包圍。紂王身披珍寶玉衣，自焚而死。周武王手持大白旗指揮軍隊，又連向紂王自焚的火海射了三箭，用黃銅大鉞斬下紂王的頭顱，懸於旗杆上，宣佈伐紂的戰爭勝利結束。這一年是公元前一〇四六年。《史記．殷本紀》

裴駰《史記集解》引《汲塚紀年》曰：「湯滅夏以至於受（紂）二十九王，用歲四百九十六年也。」商朝至此滅亡，我國歷史上的奴隸社會也至此基本結束；西周王朝從此建立，它是我國封建社會開始的標誌。

周武王滅商之後，在朝歌還做了一些善後的工作。他首先率領主要臣僚及眾諸侯祭告「天皇上帝」，報告他的革命成功。文曰：「膺更大命，革殷，受天明命。」（《史記．周本紀》）善後之事主要有如下三項：

一、封紂王之子武庚祿父為諸侯，地在邶（殷舊京畿的一部分，在今河南湯陰東南），管理商的遺民，「以續殷祀，令修行盤庚之政，殷民大悅」（《史記．殷本紀》）。又將武王之弟管叔封於鄘（殷舊京畿的另一部分，在今河南新鄉西南），蔡叔封於衛（都於沬，殷舊京畿的另一部分，在今淇縣），以監督武庚和殷遺民。《史記》卷四《周本紀》曰：「封商紂子祿父殷之餘民。武王為殷初定未集，乃使其弟管叔鮮、蔡叔度相祿父治殷。」祿父，即武庚。照《漢書．地理志》的說法，武庚、管叔、蔡叔分治邶、鄘、衛，治理殷商遺民，號稱「三監」。張守節《史記正義》引《帝王世紀》則說：「自殷都以東為衛，管叔監之；殷都以西為鄘，蔡叔監之；殷都以北為邶，霍叔監之。是為三監。」兩說小有差異。

二、釋放箕子和被紂王囚禁的貴族、官員、百姓等。又修整比干之墓，以表彰忠貞。

三、發放紂王聚斂的財寶和糧食，用以賑濟貧困的人。

周武王東伐商紂時，用車載着其父文王的靈位，自稱太子發，率領百官、大軍出發。在克商之後，以新建王朝的周天子之尊班師回到故都豐鎬，發表文告《武成》，向世人宣告他的伐紂事業的成功。「武成」的意思，據《孔安國尚書傳》的解釋，就是「武功成，文事修」。

注釋：

① 胡厚宣：《甲骨文所見商族鳥圖騰的新證據》，《文物》一九七七年第二期。又《甲骨文商族鳥圖騰的遺跡》，《歷史論叢》第一輯，一九八四年。

② 本表係根據《史記．殷本紀》製作，括號中的人名見於王國維所據之甲骨文。又王氏提出，在王亥之後有「王恆」一名，本表未錄。

③ 王國維：《觀堂集林》卷九《史林》一，中華書局一九五九年版，第二冊第四一〇頁。

④ 王國維：《殷卜辭中所見先公先王考》，《觀堂集林》卷九《史林》一，第二冊第四二三—四二四頁。

⑤ 白鋼：《中國政治制度史》，中國天津人民出版社、新西蘭霍蘭德出版有限公司一九九一年版，第一〇〇頁。

⑥ 白鋼：《中國政治制度史》，第一〇一頁。

⑦ 王國維：《殷卜辭中所見先公先王考》，《觀堂集林》卷九《史林》一，第二冊第四三〇頁。

⑧《殷契粹編》第八六六片、九〇七片。

⑨郭沫若：《奴隸制時代》，科學出版社，一九五六年版，第六—七頁。據郭沫若《殷契粹編》校，科學出版社，一九六五年。「⿰目刂」讀若則。「圣」同聖，讀若窟。

⑩《尚書．商書．伊訓》曰：「成湯既沒，太甲元年，伊尹作《伊訓》《肆命》《徂後》。」《孔安國尚書傳》：「凡三篇，其二亡。」謂《肆命》《徂後》亡佚。

⑪《國語．周語下》韋昭注：「帝甲，湯後二十五世也，亂湯之法，至紂七世而亡也。」《史記．殷本紀》曰：「帝武丁崩，子帝祖庚立。……帝祖庚崩，弟祖甲立，是為帝甲。帝甲淫亂，殷復衰。」祖甲（帝甲）至紂，為七世。據此，《國語》所言「帝甲」為《史記．殷本紀》所言武丁之次子祖甲（帝甲）無疑。

⑫中國社會科學院考古研究所安陽工作隊：《安陽殷墟五號墓的發掘》，《考古學報》一九七七年第二期。同期，王宇信等：《試論殷墟五號墓的婦好》。

第四章　西周王朝的封建領主制國家

周武王滅商之後，仍以原諸侯國的名稱周為新的國家名稱，國都仍在豐鎬。至公元前七七一年，犬戎攻破豐鎬，殺周幽王，一時豐鎬地區大亂，太子宜臼在諸侯的幫助下，逃到東都雒邑（今河南洛陽），重建國家。史稱原來建都豐鎬之周為西周，後來建都雒邑（亦作洛邑）的周為東周。東周包括了春秋（前七七〇—前四〇三年）和戰國（前四〇三—前二二一年）兩個時期。

關於西周的社會性質，學術界有不同意見。有人認為是奴隸制社會，也有人認為是封建領主制（農奴制）社會。本書採用後一說法。

西周先公先王世系表①

（一）后稷（棄）——（二）不窋——（三）鞠——（四）公劉——

（五）慶節——（六）皇僕——（七）差弗——（八）毀隃——

（九）公非——（十）高圉——（十一）亞圉——（十二）公叔祖類——

（十三）古公亶父——
- （長子）太伯
- （次子）仲雍（虞仲）
- （十四）季歷——（十五）文王昌——
  - 伯邑
  - （十六）武王發

一　公劉發跡至周朝建立

(一)「厥初生民，時維姜嫄」

周族是中國遠古時期最早興起的三大部族之一。夏族亦稱華或華夏，居於黃河中游地區。商族為東夷的一支，居於黃河下游地區。周族為戎狄的一支，居於黃河上游地區。三族興起的年代約略相同。對比而言，夏族稍稍領先。《史記．殷本紀》曰：「(殷商之祖) 契興於唐、虞、大禹之際，功業著於百姓，百姓以平。」同書《周本紀》則曰：「(周之祖) 后稷之興，在陶唐、虞、夏之際，皆有令德。」《史記》雖曾追本溯源，說他們都是黃帝的後裔，但這是十分渺茫的故事，難以確證。從文獻記載來看，三者各有族屬關係。如商人述其族源的詩歌曰：「天命玄鳥，降而生商。」周人在西周時期，也有一組講述周族起源的詩歌，名曰《生民》，載於《詩經．大雅》，膾炙人口。此詩共八章，第一章曰：

> 厥初生民，時維姜嫄（亦作原）。
> 生民如何？克禋克祀，以弗無子。
> 履帝武敏歆，攸介攸止，載震載夙，載生載育，時維后稷。

意思是說，周人的始祖后稷是姜嫄生的。姜嫄原來沒有兒子。她叩拜上帝，驅走了惡神，因之懷孕，就生下了后稷。《史記．周本紀》綜合《詩經》和各書，有更具體的論述。其中描寫姜嫄生后稷的經過說：后稷的名字叫棄，他的母親是有邰氏的女兒，叫姜嫄。姜嫄是帝嚳的元妃。一次姜嫄到野外去，看到一個巨人的腳印，踩上去以後，很快體內震動，如同懷了孕一樣，一年之後生下了兒子，也就是后稷。《周本紀》還講了后稷出生之後的一些神話故事。如說姜嫄以為生的孩子不吉利，就把他丟到偏僻小巷之中，可是從那裡走過的馬牛都避開孩子不肯踏傷他。姜嫄把孩子丟到樹林中，但林中的人太多。她又把孩子棄到水渠的冰上，可是天上飛來的大鳥用翅膀遮蓋孩子。姜嫄看到這些奇異的情況，認為這個孩子一定是神人，才把他抱回家養了起來。因為孩子初生時一再想把他丟棄掉，就取名叫「棄」。

為甚麼後來人們叫棄為后稷呢？棄在幼兒時代，身體很健壯。在與同伴玩耍時，喜歡玩種樹和種莊稼等遊戲，而且他種的樹或莊稼長得都很好。棄長大成人，是當地種田的能手，還懂得土壤知識，成為農民們學習的模範。後來帝堯得知，任命他為農師，指導農民生產，很有功效。帝舜繼位，適逢荒年，舜又命他管理農業生產，渡過難關。因此舜

「封棄於郃（今陝西武功西南），號曰后稷，別姓姬氏」（《史記．周本紀》）。這是周族發跡的開始。

（二）公劉居豳，太王遷岐

后稷死後，他的兒子不窋也在夏朝為農官，可是夏朝正遭政局混亂，不重視農業生產，不窋就率領族人逃到了戎狄等族的聚居區謀生活。至不窋之孫公劉時，周人不僅從事狩獵生產，還大力開墾田地，發展農業生產。《周本紀》記載：「公劉雖在戎狄之間，復修后稷之業，務耕種，行地宜，自漆、沮（兩水在今陝西彬州、岐山縣一帶）度渭，取材用，行者有資，居者有畜積，民賴其慶。百姓懷之，多徙而保歸焉。周道之興自此始。」此時的周族以豳（今陝西旬邑）為都城，聯合附近的氏族、部落，組成了有相當規模的部落聯盟，大力發展農業和手工業生產，還組成了保衛本聯盟的武裝。西周初年，召康公為教育年輕的周成王，親自編寫了一組緬懷頌揚公劉美德的詩歌，題名《公劉》，共有六章，每章十句，每章的第一句為「篤公劉」，是思念公劉厚德之意，載於《詩經．大雅》。第一章如下：

篤公劉！匪居匪康。
乃埸乃疆，乃積乃倉，乃裹餱糧，於橐於囊。
思輯用光，弓矢斯張，干戈戚揚，爰方啟行。

公劉死後，周族的事業雖有發展，可是周圍以狩獵為主的薰育、戎、狄等族不斷來侵奪。至公劉的第九代孫古公亶父（太王）時，迫於壓力，就率領族人離開豳向西南遷移，跋山涉水，遷到了岐山之下的小平原上，今稱周原（今陝西岐山縣東北）。豳地區的有關氏族、部落隨之遷來的很多，岐山一帶的居民也多來歸從。《史記．周本紀》曰：「古公乃貶戎狄之俗，而營築城郭室屋，而邑別居之。作五官有司，民皆歌樂之，頌其德。」裴駰《史記集解》引徐廣曰：「分別而為邑落也。」這是改變原來自然雜居的狀況，建立一定的社會管理秩序。又引《禮記》曰：「天子之五官曰司徒、司馬、司空、司士、司寇，典司五眾。」鄭玄注曰：「此殷時制。」這說明了古公亶父之時，周族已在革除落後的習俗，接受先進的華夏文明，並開始建立國家機構。《詩經．魯頌．閟宮》曰：「后稷之孫，實維太王。居岐之陽，實始翦商。」鄭玄箋云：「翦，斷也。太王自豳徙居岐陽，四方之民咸歸往之。於時而有王跡，故云是始斷商。」

古公亶父年老之時，周國發生了一個重大事件，就是古公的長子太伯與次子仲雍出走，讓少子季歷（王季）為嗣、繼承父位之事。原來古公有三子，都很賢明。少子季歷生子名昌，尤為聰慧仁德，為古公所喜愛，欲傳位給季歷，再傳給昌。但礙於宗法傳嫡長子之制，一時難定。「於是太伯、仲雍二人乃奔荊蠻，文身斷髮，示不可用，以避季歷。」他們相繼逃到今蘇州一帶，成為當地吳越族人的首領，後稱吳國。《史記》卷三一《吳太伯世家》載：「太伯卒，無子，弟仲雍立，是為吳仲雍。……周武王克殷，求太伯、仲雍之後，得（仲雍曾孫）周章。周章已君吳，因而封之。」就這樣，古公去世，季歷繼位，周國日益強大。此時商紂之祖父帝文（太）丁在位，對周極度猜疑，騙季歷至商都，把他殺死。② 季歷之子姬昌即位，商封他為西伯。

（三）文王治岐

周文王即位以後，接受商的封號，為西伯，力行德政。《史記·周本紀》記載：「（文王）遵后稷、公劉之業，則古公、公季（季歷）之法，篤仁，敬老，慈少。禮下賢者，日中不暇食以待士，士以此多歸之。」當時，商的附屬國，與周比鄰的崇侯虎向商紂王進讒言曰：「西伯積善累德，諸侯皆向之，將不利於帝。」於是紂王將西伯召來商都，把他囚禁在羑里（今河南湯陰北）。西伯的大臣們向紂王多獻美女和寶物，紂王才釋放了西伯。為籠絡西伯，「賜之弓矢斧鉞，使西伯得征伐」。就是承認他為一方的伯（霸）主地位。但西伯自回國之後，勵精圖治，壯大國力，決心滅商。

據文獻記載，西伯連年對外征伐，先後打敗了西北方面的部落鬼戎、始呼之戎、翳徒之戎，清除了這些遊牧部族的侵擾，鞏固了周族在渭水中游的統治。又連年伐犬戎、密須（今甘肅靈台西南），敗耆國（一作黎國，今山西長治西南）。滅崇侯虎之國，改崇國為豐邑，並將周之都城自岐下遷於豐邑。

據說西伯在位四十二年，「諸侯歸西伯者四十餘國，咸尊西伯為王」（《史記．周本紀》張守節正義）。就在這一年，西伯以天命所歸為由，即王位。在王位九年後，遷都於豐邑。次年去世。文王治岐，被歷代視為政治樣板。《詩經．大雅．文王》稱頌他說：「文王在上，於昭於天。周雖舊邦，其命維新。」《孟子．梁惠王下》云：「昔者，文王之治岐也，耕者九一，仕者世祿，關市譏而不征，澤梁無禁，罪人不孥。」孟子還舉出文王施仁政的具體事例：「老而無妻曰鰥，老而無夫曰寡，老而無子曰獨，幼而無父曰孤。此四者，天下之窮民而無告者。文王發政施仁，必先斯四者。」又說：「文王之囿方七十里，芻蕘者往焉，雉兔者往焉，與民同之。」南宋大學者朱熹在《四書章句集注》中對上引文王所行仁政做了如下通俗易懂的解說：

九一者，井田之制也。方一里為一井，其田九百畝。中畫井字，界為九區。一區之中，為田百畝。中百畝為公田，外八百畝為私田。八家各受私田百畝，而同養公田，是九分而稅其一也。世祿者，先王之世，仕者之子孫皆教之，教之而成材則官之。如不足用，亦使之不失其祿。蓋其先世嘗有功德於民，故報之如此，忠厚之至也。關，謂道路之關；市，謂都邑之市。譏，察也。徵，稅也。關市之吏察異言之人，而不徵商賈之稅也。澤，謂瀦水。梁，謂魚梁。與民同利，不設禁也。孥，妻子也。惡惡止其身，不及妻子也。先王養民之政：導其妻子，使之養其老而恤其幼。不幸而有鰥寡孤獨之人，無父母妻子之養，則尤宜憐恤，故必以為先也。

周自古公亶父建國到文王時期，時長不過百年，其政治、經濟、文化確實有巨大的發展。關於此事，今天考古發掘所得的實物已可做出相當有力的佐證。最突出的是一九七七年在岐山周原的考古大發現，在一組宮殿遺址中，出土了占卜用甲骨一萬五千餘片，其中有文字的為一百七十片，計五百八十餘字，字數最多的一片有三十字。③字體有的較多用剛勁的直筆，有的較多用圓筆，契刻的技巧都很熟練。占卜事項也與商相同，為祭祀、征伐、田獵、祈年等。因當時周尚為商之諸侯國，也有記商王入周境田獵等書。如二號卜甲：「衣王田至於帛。」「衣王」可能就是殷王，帛是地名，在周境內。此外，在這裡還發現了一批器物，內有銅鏃、玉削、青釉硬陶豆及其他陶器等。此時的周族已掌握了鑄造青銅的技術。

（四）武王伐紂，周公東征

周文王在位五十年，不僅他的國家長期受到商朝的欺凌，就是他的家族人等，也一再遭到商朝帝王的殘害淩辱。如他的父親季歷即為商紂王之祖父帝文（太）丁所殺。他本人曾被商紂王囚於羑里。他的長子伯邑考在商做人質，被商紂王活活烹死。周文王對商紂王，國仇家恨集於一身。他滅商之志和決心從未忘記，而且一直在做準備。可是滅商畢竟要進行一場大戰和惡戰，需要條件，需要時機。直到他九十七歲時，這個志願猶未實現。他懷着遺恨離開了人世。周武王服孝三年完畢，祭過文王的陵墓，帶着文王的靈位，以太子姬發之名，率領大軍伐紂，其滅商之決心可以想見。同時伐紂的，不僅有周軍，至少凡是「西土」的諸侯都起兵相從。所以周武王在前線發表的誓師宣言一再講道「西土君子」「西土有眾」（《尚書．周書．泰誓》），還講道「我友邦塚君、御事、司徒、司馬、司空、亞旅、師氏、千夫長、百夫長，及庸、蜀、羌、髳、微、盧、彭、濮人，稱爾戈，比爾干，立爾矛，予其誓」（《尚書·周書·牧誓》）。可見動員的範圍極廣，不限於西土。《史記·周本紀》稱「諸侯不期而會盟津（亦作孟津，今河南孟州西南）者八百諸侯」。由於時機仍不成熟，周武王還是下令退兵。兩年之後，商紂更加殘暴，統治集團內部更加分崩離析，「殺王子比干，囚箕子，太師疵、少師彊抱其樂器而奔周」（《史記·殷本紀》）。周武王認為伐紂的時機已經成熟，就遍告各路諸侯起兵伐紂。周軍有戎車三百乘，虎賁三千人，甲士四萬五千人，由周武王親自率領，協同的有姜太公、周公旦、召公奭等重要卿相將軍。諸侯發來的兵士很多，戰車四千乘，會集於牧野。商紂發兵七十萬以抗拒周之聯軍。由於聯軍齊心作戰，商軍發生了兵變，即「前徒倒戈」，因而大敗。商紂自焚而死，商朝滅亡。

周武王滅商之後，把商的京畿地區劃分為三塊，由紂王之子武庚領有一塊，以管理商的遺民，又命武王的弟弟管叔和蔡叔各領一塊，以監督武庚和商之遺民。他與姜太公和周公等匆匆回到鎬京去了，這樣的處理太粗糙，太不慎重。周武王回到鎬京，向箕子諮問商朝滅亡的經驗教訓。箕子對武王的垂詢未做正面回答，他主要講述個人對治國的一些設想，後人將箕子所談收入《尚書》，名曰《洪範》。武王還計劃在洛水下游建一東都，以為王室控制東方的政治中心。另在其東的舊時商朝統治區及其盟國地區封立若干個諸侯國，以協助加強統治。不久武王病逝，太子誦年少，雖繼王位，但不諳政事，由周公攝政當國。就在這時，管叔和蔡叔疑忌周公，與紂王之子武庚聯合發動叛亂，並勾結淮夷和徐戎參加，一時東方大亂。周公以成王之命率軍東征，歷時三年平定了叛亂，殺武庚和管叔，流放蔡叔，建立了東都雒邑，名成周。還開始在東方實施大分封。

二　封諸侯，建藩衛，實行政治綏靖與文化包容政策

周成王時期大封諸侯，主要由周公主持，並成為制度，就是被稱作「受民受疆土」（大盂鼎銘文）的分土封侯制度，這是西周國家的基本政治制度。所封諸侯的地域分佈有一個精心設計的框架，是以西周本土為靠背，以東都雒邑為中心，封齊、魯、衛、晉（初稱唐）四國自東而西構成統治主體，再封燕和宋構成南北兩翼。其餘所封眾多的小國雜附於這六大國之間或其周邊，構成了一個有組織的、星羅棋佈的統治體系。這就是《詩經．小雅．北山》所歌頌的：

溥天之下，莫非王土。率土之濱，莫非王臣。

當時的周人還沒有明確的國界概念，但疆域範圍的概念已經產生。《左傳．昭公九年》記載春秋時王室大夫詹桓伯曾談到西周疆域範圍：

> 我自夏以后稷，魏、駘、芮、岐、畢，吾西土也；及武王克商，蒲姑、商、奄，吾東土也；巴、濮、楚、鄧，吾南土也，肅慎、燕、亳，吾北土也。

西周所封的六大諸侯國就是在這樣一個區域之內，而且都居於關鍵性的部位。這是一個地域廣大、民族眾多的地區。

王室遴選分封對象十分謹慎嚴格，要經過國王和主要公卿們的推薦和評議。《左傳．僖公二十四年》載東周王室大夫富辰回顧周初分封的話說：「昔周公弔二叔之不咸，故封建親戚，以蕃屏周。」杜預注曰：「弔，傷也。咸，同也。周公傷夏、殷之叔世，疏其親戚，以至滅亡，故廣封其兄弟。」富辰又說：「周之有懿德也，猶曰莫如兄弟，故封建之。其懷柔天下也，猶懼有外侮。捍禦侮者，莫如親親，故以親屏周。」周王室的「封建親戚，以蕃屏周」，或叫作「選建明德，以蕃屏周」的分土封侯制度，就是根據這些理由制定出來的。分封的目的主要是鞏固姬姓王室對全國的統治。但是其鞏固統治的政策不是以暴力為主，而是以暴力與懷柔相結合的兩手政策為主。周文王倡導崇向仁政、德治的思想在其中起了很大的作用，具體體現在各受封諸侯建立統治的方針和政策上。主要政策有兩項：一，政治上實行綏靖政策，也就是富辰所說的「懷柔天下」；二，文化上實行包容政策，也就是允許不同文化的存在和發展。這有利於改善民族關係，保持社會穩定，促進民族團結，發展社會經濟、文化。從長遠來說，有助於民族融合關係的發展。關於這一情況，在周王室分封六大諸侯時所發表的文告和有關資料中可以具體看出。

（一）以齊、魯、衛、晉為主體

此四國最為周室所倚重。

(1)封姜人公於商的盟國薄姑與萊夷地區，以營丘（今山東淄博市東北）為都城，建立齊國。《史記》卷三二《齊太公世家》曰：「武王已平商而王天下，封師尚父於齊營丘。……萊侯來伐，與之爭營丘。營丘邊萊。萊人，夷也。」「太公至國，修政，因其俗，簡其禮，通商工之業，便魚鹽之利，而人民多歸齊，齊為大國。」武王去世，管叔和蔡叔勾結武庚發動叛亂，淮夷、徐戎也相繼叛周。周成王又加大了姜太公的權力。《左傳．僖公四年》載春秋時齊相管仲回顧當年的情況說：「（成王）命我先君太公曰：『五侯、九伯，女實征之，以夾輔周室。』賜我先君履，東至於海，西至於河，南至於穆陵（今山東臨朐），北至於無棣（今河北東南部）。」孔穎達疏引《正義》曰：「太公為王官之伯，得以王命征討天下。隨罪所在，各致其罰。故五等諸侯，九州之伯，皆得征討其罪。」上引資料較具體地體現了齊國受命負有政治上綏靖、文化上包容之責。

(2) 封周公之子伯禽於商的盟國奄人地區，以曲阜（今山東曲阜東北）為都城，建立魯國。《左傳．定公四年》載：「分魯公以大路、大旂……殷民六族：條氏、徐氏、蕭氏、索氏、長勺氏、尾勺氏，使帥其宗氏，輯其分族，將其類醜，以法則周公。用即命於周，是使之職事於魯，以昭周公之明德。……因商奄之民，命以伯禽，而封於少皞之虛（今曲阜東北）。」

(3) 封康叔於衛國。《左傳．定公四年》載：「分康叔以大路、少帛……殷民七族：陶氏、施氏、繁氏、錡氏、樊氏、飢氏、終葵氏，封畛土略……聃季授土，陶叔授民。命以《康誥》，而封於殷虛（今河南安陽小屯）。皆啟以商政，疆以周索。」「皆啟以商政，疆以周索」一句，是對魯、衛兩國說的。包括了在魯、衛兩國中要怎樣實施政治上綏靖和文化上包容的政策。杜預注曰：「皆，魯、衛也。啟，開也。居殷故地，因其風俗，開用其政；疆理土地以周法。索，法也。」孔穎達疏曰：「修其教，不易其俗；齊其政，不易其宜。是言王者布政，當順民俗而施之也。此民習商之政為日已久，還因其風俗開道以舊政也。」

(4) 封唐叔於晉（初稱唐）國。《左傳．定公四年》載：「分唐叔以大路、密須之鼓、闕鞏、沽洗，懷姓九宗，職官五正，命以《唐誥》，而封於夏虛（今山西翼城東南）。啟以夏政，疆以戎索。」杜預注曰：「亦因夏風俗開用其政。太原近戎而寒，不與中國同，故自以戎法。」

這四大諸侯一為武王之師，一為周公之子，一為武王之弟，一為成王之弟，可謂重親。所受王室之誥命都基本相同而明晰。應當說這樣的方針政策在當時是適當而且積極的。不過政令下去之後，各諸侯到了封地，主要依靠自我奮鬥，政策如何執行，其效果如何，王室實是鞭長莫及。各國的發展，只能是任馬由韁了。關於執行政策出現差別之大，《史記》卷三三《魯周公世家》記載了這樣一個故事：伯禽受封到魯國，他的父親周公死了。他在守孝三年之後，向王室報告在魯國的施政情況。王室問：「何遲也？」伯禽答：「變其俗，革其禮，喪三年然後除之，故遲。」可是姜太公受封到齊國，才過五個月即向王室報告在齊國的施政情況。王室問：「何疾也？」太公曰：「吾簡其君臣禮，從其俗為也。」可見伯禽所行，違背了王室原定政策，是保守的，錯誤的。姜太公所行，是符合王室原定政策，也是符合當地民情的。後來姜太公聽說伯禽的報告後，感歎說：「嗚呼！魯後世其北面事齊矣！夫政不簡不易，民不有近；平易近民，民必歸之。」

（二）以燕、宋為南北兩翼

此二國亦為周室所倚重。

(1) 封召公於戎狄的聚居區，以燕（今北京房山東南琉璃河鎮）為都城，建立燕國（北燕）。《史記》卷三四《燕召公世家》曰：「召公與周同姓，姓姬氏。周武王之滅紂，封召公於北燕。」司馬貞《史記索隱》曰：「以元子就封。……在成王時，召公為三公。」關於王室封立燕國的誥命和燕國初建時所施行的政策，文獻缺少記載。從考古發現的資料來看，「西周初期，在燕國仍然可以看到許多商代的著名氏族或部族，如[illegible]、亞[illegible]、亞其等，仍舊擁有本族的彝器，並繼續使用原來的氏族名稱和徽號。他們的首領人物如復、攸、伯矩等亦受到燕侯的賞賚」④。從這些資料來看，燕國在其轄區內基本上執行了王室政治上綏靖和文化上包容的政策。

(2)封商紂王的庶兄微子啟於商的故都商丘（今河南商丘南），建立宋國。微子啟是殷商帝乙的庶長子，紂王的庶兄。紂王昏庸無道，微子啟多次進諫，不被採納，只好逃亡到周。《史記·魯周公世家》載，周公東征之後，「誅管叔，殺武庚，放蔡叔。收殷餘民，以封康叔於衛；封微子於宋，以奉殷祀」。微子啟為人賢明能幹，得到殷商遺民的愛戴。周王室利用微子啟在宋國實行羈縻政策，文化上自是實行包容政策，任其發展。

周初分封的同姓諸侯有五十餘個。《左傳·昭公二十八年》載春秋時晉國大夫成鱄曰：「武王克商，光有天下，其兄弟之國者十有五人，姬姓之國者四十人，皆舉親也。」同書《僖公二十四年》載王室大夫富辰之言也說：「昔周公弔二叔之不咸，故封建親戚，以蕃屏周：管、蔡、郕、霍、魯、衛、毛、聃、郜、雍、曹、滕、畢、原、酆、郇，文之昭也；邘、晉、應、韓，武之穆也；凡、蔣、邢、茅、胙、祭，周公之胤也。」這裡面除了已廢的管、蔡等國和前面已介紹的魯、衛、晉等大國之外，其他都是姬姓小國。《荀子．儒效》亦云：「武王崩，周公兼制天下，立七十一國，姬姓獨居五十三人。」異姓諸侯包括了若干姜姓功臣、歸順部族首領及古代帝王之後，如神農之後封於焦（今安徽亳州），黃帝之後封於祝（今山東肥城東南），帝堯之後封於薊（今北京西南），帝舜之後封於陳（今河南淮陽），夏禹之後封於杞（今河南杞縣）。這麼多的受封諸侯星羅棋佈地與商奄遺民及不同部族混居在一起，使華夏及蠻、夷、戎、狄等眾多部族形成一種大分散小聚居的生活局面，這為各諸侯國和各地區的政治、經濟、文化的發展，氏族、部落、部族間的交流與融合，創造了極為有利的條件。

三　宗統與君統密切結合的政治體制

西周的政治制度繼承了夏、商兩代宗統與君統相結合的政治體制，並有新的發展和完善。所以《論語．為政》記載孔子的話說：「殷因於夏禮，所損益可知也；周因於殷禮，所損益可知也。」這就是說，夏、商、周三代的文化傳統基本上是前後相承的，並在不斷吸收、融入周邊民族的文化而繼續向前發展，形成中華民族最早的文化主體，被稱為華夏文化。

西周王系表

（前一〇四六—前七七一）

文王昌——（一）武王發——（二）成王誦——（三）康王釗

（四）昭王瑕——（五）穆王滿——（六）共（恭）王繄扈

（八）孝王辟方

（七）懿王囏——（九）夷王燮——（十）厲王胡

共和行政——（十一）宣王靜——（十二）幽王宮湦

（前八四一—前八二八）（前八二七—前七八二）（前七八一—前七七一）

（十三）平王宜臼（入「春秋」表）

（一）宗法制與王位世襲制

周人早在遠古時期已經形成了自己的宗法，並自發地將宗統與君統相結合而形成君位世襲制度。如果說自后稷至古公亶父十二傳十三世尚未見傳嫡制的記載，但至少古公亶父時就出現了傳嫡和傳長（太伯、仲雍）的問題，已如前述。武王死，其弟眾多，在世的還有八人。覬覦王位的大有人在。召公以太保之身份，利用占卜東都雒邑之時機，假借天命，重申王位宗法世襲制的原則。《尚書．周書．召誥》記載召公對成王的訓誡說：「有王雖小，元子哉！其丕能諴於小民，今休。……王來紹上帝，自服於土中。」就是說，成王雖年少，但為上帝的嫡子，能協和小民，值得慶賀。王繼承天命而躬行教化於國家的中心地區，應當褒揚勉勵。這樣的宣傳對鞏固發揚「君天下，曰天子」（《禮記．曲禮下》的「王權神授」思想起了巨大的作用。

西周的宗法制度比商朝時更發展、更完善。這主要體現在理論觀點的明確和制度措施的周密兩個方面。所謂理論觀點明確，主要是嚴格區分嫡庶關係，確保嫡長子的優先地位。其理論就是在宗族內部，要嚴格區分大宗（嫡）與小宗（庶）的關係。大宗稱宗子，小宗稱支子。在宗族下的支屬或家族中，亦要嚴格區分下一個層次的宗支關係。其嫡長子對於原宗族來說，為小宗，稱支子；但在本支中則為大宗，稱宗子，庶子則為小宗。各個層次的大宗都以嫡長子為宗子，具有特殊的地位和權力，宗族成員必須尊重宗子。關於此事，《禮記．大傳》是這樣說的：

別子為祖，繼別為宗，繼禰者為小宗。有百世不遷之宗，有五世則遷之宗。百世不遷者，別子之後也。宗其繼別子之所自出者，百世不遷者也。宗其繼高祖者，五世則遷者也。尊祖故敬宗；敬宗，尊祖之義也。

《禮記．喪服小記》也有類似的記載。這段話的大致意思是說：國君的嫡長子立為太子，繼承君位，其他諸子（「別子」）都分出去自立家族，成為該家族（以後膨脹為宗族）嫡長繼承系統的始祖，其嫡長後裔屬於「繼別（別子）者」，稱作這個家族或宗族的「大宗」。始祖的嫡長子以外各子，嫡長孫以外各孫，嫡長曾孫以外各曾孫等，都只是「繼禰（父親）者」，相對於嫡長系統人宗來說僅是小宗。無論經過多少代，大宗始終是本家族或宗族的核心，通過他將始祖的後裔聯結成一個具有實體性的血緣團體，叫作「百世不遷之宗」。而眾多的其他宗族成員除尊奉大宗外，還要尊奉一個五代以內與大宗血緣關係最近的直系祖先及其嫡長後裔為小宗。因為有五代的限制，所以旁系宗族成員所尊奉的小宗隨世代推移而有變化，叫作「五世則遷之宗」。通過對小宗的尊奉關係，以大宗為首的宗族又因而劃分為許多較小而更具凝聚力的近親集團。從廣義的角度看，周天子即天下之大宗，同姓諸侯相當於天子之小宗，同時又是一國之大宗。故《詩經．大雅．文王》有云：「文王孫子，本支百世。」鄭玄箋曰：「（文王）受命，造始周國，故天下君之，其子孫嫡為天子，庶為諸侯，皆百世。」

所謂制度措施周密，就是在嚴格確保嫡長子的優先繼承權的前提下，如同發生無嫡可立，或可繼嗣的庶子數人同齡等特殊情況時，有很完善的補救辦法。關於此事，《左傳．襄公三十一年》載春秋時魯國穆叔之言：「太子死，有母弟則立之。無則立長。年鈞擇賢，義鈞則卜。古之道也。非嫡嗣，何必娣之子。」杜預注：「立庶子則以年。先人事，後卜筮也。義鈞，謂賢等。」同書《昭公二十六年》載周室王子朝曰：

「昔先王之命曰：『王後無嫡，則擇立長。年鈞以德，德鈞以卜。王不立愛，公卿無私，古之制也。』」孔穎達疏引《公羊傳》曰：「『立嫡以長不以賢，立子以貴不以長。』明母貴則先立也。」上述三說雖有不同，實是大同小異。同在立嫡長子；異在無嫡可立時，要不要在娣與妾之間或貴妾與賤妾之間再劃分出幾個等次。所謂「年鈞以德，德鈞以卜」，操作起來並不明確，爭議很大，這是宗法制之疏漏所在，宮廷鬥爭常常由此而引發。雖是這樣，西周自武王至幽王，傳十二世十三王，情況基本正常，多是行嫡長子世襲制。其間有兩次未傳嫡子。一次是懿王崩，立其叔辟方，是為孝王。孝王崩，諸侯復立懿王太子燮，是為夷王。其原因不明。另一次是因厲王暴虐，國人暴動，厲王出奔，太子靜被召公藏在自己的家中，朝政暫時由周公和召公兩位大臣主持，史稱「共和行政」。後來厲王死在外地，大臣才擁立太子靜即位，是為宣王。此兩事都不曾影響到對傳嫡為基本制度的評價。

王國維認為，西周的宗法制度不僅是西周政治的建制原則，也是規範社會秩序、整齊生活習俗的指導思想。他在《殷周制度論》中說：「欲觀周之所以定天下，必自其制度始矣。周人制度大異於商者，一曰立子立嫡之制，由是而生宗法及喪服之制，並由是而有封建子弟之制，君天下臣諸侯之制。二曰廟數之制。三曰同姓不婚之制。此數者，皆周之所以綱紀天下。」又說：「有立子之制而君位定；有封建子弟之制而異姓之勢弱，天子之位尊；有嫡庶之制於是有宗法，有服術，而自國以至天下合為一家；有卿大夫不世之制，而賢才得以進，有同姓不婚之制，而男女之別嚴。且異姓之國非宗法之所能統者，以婚媾甥舅之誼通之，於是天下之國大都是王之兄弟甥舅，而諸國之間亦皆有兄弟甥舅之親，周人一統之策實存於是。此種制度固亦由時勢之所趨，然手定此者，實惟周公。」⑤

王國維的《殷周制度論》不愧為大家手筆。他的學術功力，思維之銳敏，見解之獨到，宏論之深邃，都使人敬仰。不過他的絕對化、偏頗處，還是有的。如他所謂的「殷商無宗法」，一切「實惟周公」之說，過於武斷；所謂的「自國以至天下合為一家」，「周人一統之策實存於是」之說，過於理想化；所謂的「有卿大夫不世之制，而賢才得以進」之說也過於一廂情願，與史不符。

（二）以國王（天子）為首的中央機構

西周的中央統治機構基本上承襲了商朝的制度：以國王為首，下由主要公卿大夫組成辦事機構。國王稱天子，又是宗法關係之首，擁有絕對權威。主要公卿都是國王的宗族或親屬，因事設官，各有所統。具體的職官情況，《漢書》卷十九上《百官公卿表上》曰：「夏、殷亡聞焉，周官則備矣。」顏師古注曰：「事見《周書．周官篇》及《周禮》也。」可是此兩書成書年代較晚，內容在現有的銅器銘文中難得確證，因之學術界頗多疑惑。雖是如此，但其中可證成分並不少，其可信度也很大。

近代學者呂思勉對有關主要官名如三公、四輔、五官、六官、冢宰等遍查群書，多方考證，基本上肯定了這些官名的存在。他說：「言古官制者，今文家曰三公、九卿，古文家曰三公、三孤、六卿，而又有四輔、五官之名。孰為是？曰：皆是也，皆有所據。今文家所謂三公，任職者也。古文家之三公及四輔，天子之親臣也。五官與今文家之三公，同為任職之臣，或舉其三，或舉其五，各有所象耳。五官加一冢宰，則為六官矣。」⑥ 呂思勉對四輔、三公、三孤、三太、司馬、司徒、司空等都一一進行了考述，這裡不再引錄。總地說來，由於宗法制的作用存在，周朝雖有「建官惟賢，位事惟能」（《尚書·周書·武成》）之說，也就是王國維所說的「有卿大夫不世之制，而賢才得以進」，但主要的公卿大夫來自姬氏宗族，尤其是來自王室親屬，各有封國或采邑。

三公和六卿是朝廷中的主要長官。三公為太傅、太師、太保的統稱，是國王的輔弼之臣，地位最高。三孤為少傅、少師、少保。《禮記·文王世子》曰：「太傅審父子君臣之道以示之。少傅奉世子以觀太傅之德行而審喻之。太傅在前，少傅在後。入則有保，出則有師，是以教喻而德成也。師也者，教之以事，而喻諸德者也。保也者，慎其身以輔翼之，而歸諸道者也。《禮記》曰：『虞、夏、商、周有師、保，有疑丞，設四輔及三公。不必備，惟其人。』語使能也。」周公曾為太傅，召公曾為太保，姜太公曾為太師。《漢書·百官公卿表上》概括這三個職務說：「蓋參天子，坐而議政，無不總統，故不以一職為官名。」六卿是分管六個庶政部門的長官。《周禮》分章述其職官設置編制及所職掌：一為塚宰，稱天官，就是宰相，統率百官，輔佐天子；二為司徒，稱地官，掌管土地和民事；三為宗伯，稱春官，掌管王族事務；四為司馬，稱夏官，掌管軍事；五為司寇，稱秋官，掌管刑法；六為司空，稱冬官，掌管水土工程。三公六卿都有副職，其下由各級大夫和士組成工作機構，他們的身份都屬於貴族，有所屬的宗法系統，根據身份或職位的高低，授予大小不等的采邑，以充俸祿。此外，還由國家賜給祭祀用的田地，名為圭田。《孟子．滕文公上》曰：「卿以下必有圭田，圭田五十畝。」趙岐注曰：「古者，卿以下至於士，皆受圭田五十畝，所以供祭祀也。圭，潔也。」朱熹《四書章句集注》曰：「此世祿常制之外，又有圭田，所以厚君子也。」在王室供職的公卿大夫等的采邑的範圍較小，均在王畿之內，行「世官世祿」制。如周公旦在王室任太傅，其采邑在周（今陝西岐山東北），故稱周公，召公在王室任太保，其采邑在召（今岐山西南），因稱召公或召伯。周、召二公均是世卿世祿。

周王室擁有常備軍三支：一為虎賁（奔），由虎賁氏掌管，約有數千人，為王室禁衛軍。平時用於周王出入儀衛之事，戰時亦用於征伐。戰鬥力較強。二為周六師，是王室的主力軍，一師約由二千五百人組成，主要由周人充當，常駐京師豐鎬一帶，因稱西六師。三為殷八師，由商的遺民組成，編制同於周師，將帥則由周人充當，常駐東方要地，亦用於征伐。關於周王室出軍情況及軍官名稱，《尚書．周書．牧誓》在武王伐紂誓詞中曾有提及，可資參考。武王出軍為「戎車三百兩，虎賁三百人」（《史記．周本紀》作「虎賁三千人」）。《孔安國尚書傳》曰：「兵車，百夫長所載，車稱兩。一車步卒七十二人，凡二萬一千人，舉全數。」又曰：「（虎賁）勇士稱也，若虎賁（奔），獸言其猛也。皆百夫長。」其參預軍事及軍官名稱，有「司徒、司馬、司空、亞旅、師氏、千夫長、百夫長」等。

四　成文法的制定

（一）堯舜時期，皋陶作五刑

早在堯舜統治的禪讓時代，為加強對龐大部落聯盟的管理和統治，將原來行用於氏族、部落中的習慣法逐漸提煉歸納，固定為部落聯盟中的刑法，用以懲治有害於聯盟事業的行為。最早的法律見於《尚書．虞書．舜典》：帝舜命曰：「皋陶……汝作士，五刑有服。」《孔安國尚書傳》曰：「士，理官也。五刑：墨、劓、刖、宮、大辟。服，從也。言得輕重之中正。」堯、舜都崇尚德治，在刑法方面也主張寬緩，所以主張五刑要有常刑，不能過嚴。此外，另立寬刑，如有流放之法，鞭與撲等體罰，還有用金錢以抵罪的贖刑。流放、體罰、贖罪都比肉刑、死刑輕緩得多，且可教育挽救一些犯人及其家屬。這是刑法的一大進步。在後人評議堯舜時代的刑法時，都幾乎異口同聲地讚揚堯、舜尚德政，主寬刑；皋陶尚嚴苛，主重刑。如宋代文學家蘇軾在其《刑賞忠厚之至論》中說：「當堯之時，皋陶為士，將殺人。皋陶曰殺之三，堯曰宥之三。故天下畏皋陶執法之堅，而樂堯用刑之寬。」這一名人名文的出世，在後代讀聖賢書的人群中更加重了頌揚堯舜、貶抑皋陶的分量。其實這種認識過於片面，只是從皋陶的任職上做出的推論，這樣評價皋陶是不公平的。《史記．夏本紀》記載，帝舜在任命皋陶為士、以法治民時，與禹、伯夷、皋陶等主要大臣會於朝廷，各述自己的政見。皋陶講述了他的一些意見，受到帝舜的首肯，亦為禹所讚揚。如他說：「信其道德，謀明輔和。」「在知人，在安民。」「始事事，寬而栗，柔而立，願而共，治而敬，擾而毅，直而溫，簡而廉，剛而實，強而義，章其有常，吉哉。日宣三德，早夜翊明有家。日嚴振敬六德，亮采有國，翕受普施，九德咸事，俊乂在官，百吏肅謹。毋教邪淫奇謀。非其人居其官，是謂亂天事，天討有罪，五刑五用哉。吾言底可行乎？」禹聽後讚揚曰：「女言致可績行。」由此話可以看出，皋陶也是尚德政的。他之為堯、舜、禹三代帝王所賞識、重用，和他本人的政治理念及執法作風是分不開的。

（二）夏有《禹刑》，商有《湯刑》

夏禹建國之初，仍用皋陶為主要執法官，大約其刑法也基本上繼承舜時的成果。不過此時雖進入階級社會，是否已使用文字，在學術上還不能肯定。是否已有成文法，不得而知。《左傳．昭公六年》曰：「夏有亂政，而作《禹刑》。」《漢書》卷二三《刑法志》曰：「禹承堯舜之後，自以德衰，而制肉刑。」這些編制刑法之事，結合歷史情況，似都是夏朝中期以後之事。夏朝有座著名的監獄叫作夏台，也叫鈞台（在今河南禹州），夏桀曾將商湯囚禁在這裡。商朝建國以後，基本上將先商先公所行刑法與夏朝的刑法合而為一，名為《湯刑》。《左傳．昭公六年》曰：「商有亂政，而作《湯刑》。」《竹書紀年》則曰：「祖甲二十五年，重作《湯刑》。」商朝已有文字，《湯刑》的編制修訂，說明它不僅是一部成文法典，而且已有了相當的規模。所以在周代的很長時間中，一直重視商法。如西周初年，周成王封康叔於衛時，一再強調盡量利用商朝舊法中合於倫理、合於時宜的部分來處理內外事務（《尚書．周書．康誥》）。直到戰國後期，《荀子．正名》仍說：「後王之成名，刑名從商。」王先謙《集解》曰：「商之刑法未聞。《康誥》曰：『殷罰有倫。』是亦言殷刑之允當也。」商朝亦應當有五刑，不過文獻記載不很明確。但所記酷刑的名目很多。如醢，是將人剁成肉醬的暴刑。脯，是將人肉製成肉乾的暴刑。炮烙（亦作「炮格」）。格，銅刑具，可用於燒烤犯人），指用炭燒熱銅棍，令人爬行棍上，即墮炭上燒死。在甲骨文中有劓（亦見於文獻），是割鼻。伐是殺頭，烄是燒死。甲骨文中有的象形、會意字亦反映了刑罰的一些情況。如「幸」字，作「」，像是強加在犯人手上的刑具，今名手銬。「執（執）」字，作「」，像一人雙手帶着手銬。「圉」字，作「」，像一人雙手帶着手銬被關在牢中。一九三七年，在河南安陽殷墟的考古發掘中，曾在一個坑穴中發現有三個帶手銬的奴隸陶俑，女奴雙手銬在胸前，男奴雙手銬在背後⑦，手的情況與甲骨文中的圉字很像。商朝的奴隸制很發達，囚禁奴隸或其他犯

人的監獄很多。帝武丁時期著名的監獄有圜土，曾囚禁過傅說⑧，傅說後來成為武丁的宰相。商紂王時期著名的監獄有羑里，曾囚禁過西伯姬昌，姬昌就是後來的周文王。在現代的考古發掘中，在各地常常發現屬於商代的監獄，用於囚禁罪犯。

（三）周穆王制《呂刑》

西周前期所行的法律，其指導思想仍是來自皋陶、周公所謂的「天討有罪」（《尚書．虞書．皋陶謨》）、「明德慎刑」（《尚書．周書．康誥》），其具體內容就是繼承了周文王之法與商朝的部分合用之法提煉昇華而形成的。中央設最高的主管刑法之官，名司寇。《周禮．秋官司寇》曰：「乃立秋官司寇，使帥其屬而掌邦禁，以佐王刑邦國。刑官之屬：大司寇，卿，一人；小司寇，中大夫，二人；士師，下大夫，四人；鄉士，上士，八人；中士，十有六人；旅，下士，三十有二人。府，六人；史，十有二人；胥，十有二人；徒，百有二十人。」其下還述有各種大小刑法官署的人員編制及其職掌。《周禮》一書約形成於戰國時期，時間較晚，有關機構的設置與職掌說明有理想化的成分。

西周的成王和康王時期，基本上國泰民安，社會比較穩定。再後到昭王和穆王時期，轉向衰落。《史記．周本紀》記載：「昭王之時，王道微缺。昭王南巡狩不返，卒於江上。……立昭王子滿，是為穆王。穆王即位，春秋已五十矣。王道衰微。」具體情況是，此父子二人剛愎自用，不聽勸諫，自以為國力富強，都嚮往遠征。周昭王率軍南征楚國，渡漢水時，落水江中而死，狼狽退兵。其子穆王率軍西伐犬戎，無功而返。這些活動都勞民傷財，加劇了國內外的矛盾和鬥爭。為了穩定社會，加強統治，周穆王命呂侯（姜姓）為相，制定刑法，史稱《呂刑》。

由於呂侯始封於呂（今河南南陽西），亦稱甫，所制之刑稱《呂刑》，亦稱《甫刑》，收入《尚書．周書》。

《呂刑》是中國遠古的一部內容比較完善、文字比較完整的成文法典，共分為三章。第一章為總論，概述了編制這部法典的時代背景和社會需要，說明古代聖帝賢王都是不得已而用刑，痛斥有的頭人不用善政、肆殺無辜。為了解救民眾，不能不制定刑罰以懲惡，強調《呂刑》是根據《禹刑》等可行的法律結合當時的需要制定的。第二章為刑罰種類和適用原則，主要說明制定刑罰的目的和意義，用刑的適時原則及重在選人掌握，規定辦案的程序和制度，規定疑罪赦刑從罰的刑種和金額，規定量刑原則、類比制度及社會對量刑的影響，規定辦案定罪原則和用刑目的，規定結案手續、審批制度及並罰原則等。《呂刑》規定五刑的具體罪名共有三千條，即：墨刑一千條，劓刑一千條，剕刑五百條，宮刑三百條，大辟二百條。各種刑罪都可按相應的刑罰種類納錢贖罪。第三章為結束語，主要是重申《呂刑》的重要作用，要求各卿、諸侯及其子孫後代都要遵行不廢。⑨《呂刑》的編成是中國古代法制史上的一大進步，也是當時的社會發展的需要和文明進步的反映。

西周時期，禮與法是結合在一起的，即禮、法不分，名為禮，實際包括法在內。但刑罰這一方面雖也包括在禮之中，卻很早就已單列，皐陶主法時即已如此。這是和中國的奴隸制社會特點分不開的。禮主要用於規範各級貴族的思想和行為，刑則主要用於管制和鎮壓勞動大眾。於是就有「禮不下庶人，刑不上大夫」之說。此說出自《禮記．曲禮上》。鄭玄注曰：「賢者犯法，其犯法則在八議輕重，不在刑書。」八議主要是為貴族階級中的某些人尋找理由、減輕或開脱罪責的一種特別審議制度。在西周，也叫作「八辟」。辟就是法。《周禮．秋官．小司寇》曰：

「以八辟麗邦法，附刑罰：一曰議親之辟，二曰議故之辟，三曰議賢之辟，四曰議能之辟，五曰議功之辟，六曰議貴之辟，七曰議勤之辟，八曰議賓之辟。」由此可以看出法律刑罰都是有階級性的。但如果問題發生在統治階級內部的派系或集團之間，尤其是關涉當權人物，此八議也不一定適用。因為在階級社會中，統治階級或統治集團乃至個人的意志常常會左右法律或刑罰。

五　土地國有制與賦稅用「徹」法

西周實行土地國有制度，其概念十分明確。就是《詩經．小雅．北山》所說：「溥天之下，莫非王土；率土之濱，莫非王臣。」西周也有「五服」之說，就是其疆土以東都雒邑之王城為圓心，自內而外，以五百里為半徑，畫一圓圈。半徑每延長五百里，畫第二、第三、第四、第五個圓圈。這五個圓圈自內而外，分別叫作侯、甸、男、采、衛。也叫作「五百里，侯服；去王城千里，甸服，千五百里，男服；去王城二千里，采服；二千五百里，衛服」（《孔安國尚書傳》）。服也就是勤於王事的負擔單位。五服之説只是一種理念，並非現實，所以夏商周各代雖都有五服，但解説並不一致。

（一）「受民受疆土」

「受民受疆土」之説見於大盂鼎銘文。此説所以成為制度，是以「溥天之下莫非王土；率土之濱莫非王臣」這一根本性政治原則的確立為前提的。關於此事，文獻中有較多的記載。如就全國範圍而言，《國語·周語中》曰：「昔我先王之有天下也，規方千里，以為甸服，以供上帝山川百神之祀，以備百姓兆民之用，以待不庭不虞之患。其餘以均分公、侯、伯、子、男，使各有寧宇，以順及天地，無逢其災害。」《孟子．萬章下》曰：「天子之制，地方千里，公侯皆方百里，伯七十里，子、男五十里，凡四等。不能五十里，不達於天子，附於諸侯，曰附庸。」具體講到「受民受疆土」情況的事例也很多。銅器銘文上的且不計，如前文引《左傳》述康叔封於衛的文告中，就有「聃季授土，陶叔授民」句，聃季、陶叔都是王室大夫。再如《詩經．魯頌．閟宮》記述周成王封伯禽於魯：「乃命魯公，俾侯於東，錫之山川，土田附庸。」又同書《大雅．崧高》述周天子封申伯曰：「王命召伯，徹申伯土田。」

這種受民受疆土制度的土地所有制基礎，是農村公社土地公有制，或謂之集體所有制。以國王為代表的國家攫取了土地所有權，形成了這樣一種制度。這時的土地權利已分為三個層次，即國王有土地所有權，各級受封諸侯和卿大夫、士等都對受封的土地擁有佔有權，淪為庶民的原公社成員和其他農業勞動者則在提供勞役或實物負擔的前提下，擁有耕種田地的權利。這種農產品再分配的關係，已像顛撲不破的真理一樣，被編成一連串成語長期流傳，即「公食貢，大夫食邑，士食田，庶人食力」（《國語．晉語四》）。當時的非農業人口如官府的百工、商賈、皂隸、家臣等，也通過官府參與到農產品再分配的關係中。

（二）「周人百畝而徹」

對於夏商周三代的土地所有制和地租（稅）制度，在戰國及其以前的學者中，只有孟子有較深入的研究，並提出過系統的說法。他認為，三代都行土地國有制，也都行勞役地租剝削。但其做法有兩點主要差別。一，受田數量有差別，夏每戶受五十畝，殷受七十畝，周受百畝。

二，勞役地租雖說同為什稅一，但夏行貢法，為定租制，殷行助法，周行徹法，都是分租制。所謂「徹」，是通行的意思。《後漢書》卷三一《陸康傳》曰：「夫什一而稅，周謂之徹。徹者，通也，言其法度可通萬世而行也。」孟子的原話前面已幾次引用，為了將三代的這一問題最後總結一下，在這裡再重複引用一下很有必要。《孟子．滕文公上》曰：

> 夏后氏五十而貢，殷人七十而助，周人百畝而徹，其實皆什一也。徹者，徹也；助者，藉也。龍子曰：「治地莫善於助，莫不善於貢。貢者校數歲之中以為常。樂歲，粒米狼戾，多取之而不為虐，則寡取之；凶年，糞其田而不足，則必取盈焉。」……《詩》云：「雨我公田，遂及我私。」……由此觀之，雖周亦助也。

孟子認為，西周實施上述勞役地租剝削的基本方式是井田制度。井田制度的典型形式是：「方里而井，井九百畝，其中為公田，八家皆私百畝，同養公田。公事畢，然後敢治私事，所以別野人也。」趙岐注曰：「方一里者，九百畝之地也。地為一井，八家各私得百畝，同共養其公田之苗稼，公田八十畝。其餘二十畝以為廬井宅園圃，家一（二）畝半也。先公後私，『遂及我私』之義也。則是野人之事，所以別於士伍者也。」孟子還對以井田形式組織而成的村落做過如下的描述：「鄉田同井，出入相友，守望相助，疾病相扶持，則百姓親睦。」趙岐注曰：「同鄉之田，共井之家，各相營勞也。出入相友，相友耦也。……守望相助，助察奸惡也。疾病相扶持，扶持其羸弱，救其困急。」

（三）孟子之說並非烏托邦

古人對西周的井田制雖各有說法，但對孟子公開表示懷疑者極少。可是近數十年來，在學術界持懷疑或異議者卻很多，主要原因是認為孟子過於誇誇其談，對於井田制的描述過於整齊化，對於共井之家的生活狀況過於理想化了。有人乾脆稱之為孟子式的烏托邦。⑩ 這樣的評價實在過於偏頗。孟子並非誇誇其談之人，而是一位堅持真理而又能言善辯的學者。他的善辯並非信口開河，而是言必有據，實事求是。他對闡述歷史及引用史料，尤為慎重。例如《孟子．盡心下》記載他的話說：「盡信書，則不如無書。吾於《武成》，取二三策而已矣。仁人無敵於天下。以至仁伐至不仁，而何其血之流杵也？」這是孟子認為記述周武王伐商紂的文告《武成》有誇大其詞的成分。再如《孟子．萬章下》記載，衛國的大夫北宮錡曾向孟子請教有關西周爵祿制度的情況，孟子答曰：「其詳不可得聞也。諸侯惡其害己也，而皆去其籍。然而軻也，嘗聞其略也。」以下，他概述了西周的基本爵祿制度；又將諸侯分為大國、次國、小國三等，各述其爵祿制度；最後，又將耕者分為上農夫、上次農夫、中農夫、中次農夫、下農夫五等，各述其生活負擔能力。這樣言之鑿鑿而且具體地講西周的爵祿制者，在先秦，恐怕只此一家。至於孟子談西周井田制度一事，是他以國賓身份受聘到滕國，應滕公之請講授治國之道時鄭重提出的命題。其具體情況則是向滕文公的代表、滕國大夫畢戰論述的。孟子以這樣的身份，面對國君、大臣講問題，當不會信口開河吧！

講西周曾行井田制度，不僅是孟子一人。孟子之後，還有一些名家講述，所言與孟子之說大同小異，而且更加詳細具體。如《韓詩外傳》卷四記載：

古者，八家而井田：方里而一井，廣三百步，長三百步，為一里，其田九百畝。廣一步長百步為一畝，廣百步長百步為百畝。八家為鄰，家得百畝，餘夫各得二十五畝。家為公田十畝，餘二十畝共為廬舍，各得二畝半。八家相保，出入更守，疾病相憂，患難相救，有無相貸，飲食相召，嫁娶相謀，漁獵分得，仁恩施行，是以其民和親而相好。《詩》曰：「中田有廬，疆埸有瓜。」

《漢書》卷二四上《食貨志上》曰：

理民之道，地著為本。故必建步立畝，正其經界。六尺為步，步百為畝，畝百為夫，夫三為屋，屋三為井，井方一里，是為九夫。八家共之，各受私田百畝，公田十畝，是為八百八十畝，餘二十畝以為廬舍。出入相友，守望相助，疾病相救，民是以和睦而教化齊同，力役生產可得而平也。

《公羊傳．宣公十五年》何休注曰：

司空謹別田之高、下、善、惡，分為三品，上田一歲一墾，中田二歲一墾，下田三歲一墾。肥饒不得獨樂，墝埆不得獨苦，故三年一換主（土）易居，財均力平。

由此看來，孟子關於西周井田制之說並非只是一家之言，持此說的所在多有。我們應當指出，孟子所說的西周行井田制，並非說西周的土地制度只有這一種形式，當然這是一種主要的形式。此外，還有一些輔助性的形式，以及一些因地制宜的情況。例如《孟子．滕文公上》云：「野九一而助，國中什一使自賦，卿以下必有圭田，圭田五十畝。」對授田百畝之家，還有「餘夫二十五畝」。最後還說：「此其大略也。若夫潤澤之，則在君與子矣。」朱熹《四書章句集注》對孟子之說的領會較全面。關於「野九一而助，國中什一使自賦」，他首先肯定說：「此分田制祿之常法。……野，郊外都鄙之地也。九一而助，為公田而行助法也。國中，郊門之內，鄉遂之地也。田不井授，但為溝洫，使什而自賦其一，蓋用貢法也。」又說：「當時非惟助法不行，其貢法亦不止什一矣。」關於圭田，他說：「此世祿常制之外，又有圭田。」關於「餘夫二十五畝」，他說：「此百畝常制之外，又有餘夫之田。」對最後一句，他說：「潤澤，謂因時制宜，使合於人情，宜於土俗，而不失乎先王之意也。」由此看來，孟子所說是較全面的。當時的田制有多種多樣，雖以「九一而助」為常法，但自戰國以至西漢，在文獻中談其他田制者也很多，致使有矛盾、分歧。於是從東漢開始，即有人多方梳理。如鄭玄注群經，對大司徒、小司徒、遂人、匠人等職官，因井牧田野、開掘溝洫、修築道路的需要，將田畝、邑落按四進制、九進制、十進制而劃分之事，做了具體的分析和說明。《周禮．地官．載師》賈公彥疏引鄭玄《駁五經異義》云：「玄之聞也，周禮制稅法，輕近而重遠者，為民城道溝渠之役，近者勞，遠者逸故也。其授民田，家所養者多，與之美田；所養者少，則與之薄田，其謂均之而足，故可以為常法。」可見他對孟子的授田說是支持的，並做了有益的補充解說。近數十年來，由於學術界重視了關於在古代社會中多存在農村公社或其殘餘形態的理論研究，對孟子等說，也轉而接受。例如楊寬先生說：「作者認為我國古代的井田制，確是村社的制度。因為我國古代歷史上，確實存在過這種整齊劃分田地而有一定畝積的制度，也確實存在過按家平均分配份地的制度。」[11] 林甘泉、童超在《中國封建土地制度史》一書中引述前引《公羊傳》何休注文之後說：「按照何休的說法，在實行井田制的條件下，授田農民每隔三年要重新分配一次份地，以保證『肥饒不得獨樂，墝埆不得獨苦』。這正是農村公社土地所有制公有與私有二重性的表現。」[12]

農村公社在原始社會後期至階級社會中的奴隸制和封建制社會幾乎普遍存在，以至到資本主義社會的初期，有些地區還存在着其基本的形式或其殘餘形態。例如在歐洲的多瑙河流域諸公國，「那裡原來的生產方式是建立在公社所有制的基礎上的……一部分土地是自由的私田，由公社成員各自耕種；另一部分土地是公田，由公社成員共同耕種。這種共同勞動的產品，一部分作為儲備金用於防災備荒和應付其他意外情況，一部分作為國家儲備用於戰爭和宗教方面的開支以及其他的公用開支。久而久之，軍隊的和宗教的頭面人物侵佔了公社的地產，從而也就侵佔了花在公田上的勞動。自由農民在公田上的勞動變成了為公田掠奪者而進行的徭役勞動，於是農奴制關係隨着發展起來。」⑬我國古代的具體歷史情況雖與上述多瑙河地區不盡相同，但總地說來，農村公社曾存在於夏、商和西周是個事實。即使春秋、戰國時期，也大量存在。當然由於已進入階級社會，土地所有權已為國王和各級貴族所攫取，說這時的農村公社所有制已是殘餘形式也可以。戰國時期，孟子對這種殘餘形式的所見所聞是相當多的，這有可能豐富充實了他對西周井田制的理解。

我國近數十年來對少數民族社會歷史的研究取得了豐富的成果。如對雲南西雙版納和德宏等地區的傣族、勐海縣的布朗族、海南島的黎族等農村公社的調查研究，都提供了不少有益的事例，令學術界大開眼界，為研究西周的井田制及有關的理論觀點，提供了有益的印證資料。⑭

六　厲王暴虐，幽王失國

西周前中期的政局基本上還算平靜，社會經濟發展較快。到周厲王時期，政治日益黑暗，引發了周王室與國人之間的矛盾和鬥爭。周厲王出逃，國家一度混亂。

(一) 厲王專利與國人暴動

西周時期實行土地國有制。但國家對不同的地區實行不同的政策。如以農耕為主的地區，實行「受民受疆土」政策；對廣大的山林川澤，尤其是名山大川，則不分封，基本上由國家控制，公私人等都可利用。

《禮記．王制》曰：畿外，「名山大澤不以封」，畿內「名山大澤不以朌（頒）」。鄭玄注云：周王室「與民同財者」。實際情況是：當時的社會生產力不很發達，尚無能力開發山林川澤；周天子又神化王權，有關於祭祀五嶽、四瀆的制度，因之亦有「名山大澤不以封（頒）」的規定。所謂「與民同財」，就是勞動人民可以按時令或季節，到山林川澤中捕撈樵採，即所謂「以時入而無禁」（桓寬《鹽鐵論．力耕》）。封建國家設山虞、林衡、川衡、澤虞等官，執掌有關的政令，定期向有關勞動人戶徵收貢稅或土特產。這種「以時入而無禁」的情況實際是農村公社土地公有制的延續，是土地公有制的原生形態。可是到西周後期，由於社會生產力已有較大的發展，對山林川澤的開發能力也有較大的提高，山林川澤的開發價值已漸為人們所關注，於是為爭奪山林川澤權益而展開的鬥爭也日益激烈。

周厲王即位後，生活奢侈，揮霍無度，極想重用榮夷公，把邦畿內的山林川澤控制起來，以增加王室的收入。王室大夫芮良夫是一位有見識、有思想的政治家，《國語．周語上》記載了他勸告周厲王的話：「王室其將卑乎？夫榮夷公好專利而不知大難。夫利，百物之所生也，天地之所載也，而有專之，其害多矣。……今王學專利，其可乎？匹夫專利，猶謂之盜，王而行之，其歸鮮矣。榮公若用，周必敗。」這已是嚴重的警告了，可是周厲王不肯聽，竟以榮夷公為卿士，掌王室大權，壟斷邦畿內的山林川澤，不許他人利用。這就引起了有關中下級貴族和居住在國都豐鎬城內的居民的抱怨，街頭巷尾，議論紛紛，史稱「國人謗王」⑮。這種形勢日益嚴重，當時的另一位卿士召公虎告訴周厲王：「民不堪命矣！」可是周厲王不僅不糾正他的錯誤做法，相反卻遷怒於別人。他從衛國找來了一位巫師，以裝神弄鬼的方法監視對周厲王不滿的人，史稱「衛巫監謗」。凡是遭衛巫揭發的人，即被以「毀謗」之罪處死。在這樣的殘酷高壓之下，各級貴族和國人都不敢公開議論厲王，甚至不敢在室外談話。熟人在街道上相遇，也不敢說話，只能互相使個眼色。這就是《國語．周語上》所說：「國人莫敢言，道路以目。」

這時的周厲王已成為孤家寡人了。諸侯已不來朝，卿大夫亦不願見他，人們不敢說真話，他已孤陋寡聞，但卻以為自己勝利了，竟得意地告訴召公曰：「吾能弭謗矣，乃不敢言。」召公回答曰：這是堵民之口，不讓說話，「防民之口，甚於防川。川壅而潰，傷人必多」。召公反覆耐心地說明了要讓公卿、大夫、大小官員及庶民都得以發表自己的意見及國王擇善而從的重要意義，可是周厲王就是不聽。於是厲王三十七年（前八四一），京師豐鎬發生了「國人暴動」，參加暴動的有國人（自由民），有中小貴族，還有其他勞動人民。周厲王倉惶逃到彘（今山西霍州）。厲王的太子靜被召公藏在自己的家中，朝政暫時由周公和召公兩位大臣主持，史稱「共和行政」。

（二）「共和行政」與「宣王中興」

關於「共和行政」一事，歷史上有不同的說法。主流的說法是根據《史記．周本紀》的記載，周厲王奔彘之後，太子靜藏在召公家中，召府被國人包圍。召公迫不得已，用自己的兒子代替太子，獻給了包圍召府的國人。國人撤退，太子得救。「召公、周公二相行政，號曰『共和』。共和十四年，厲王死於彘。太子靜長於召公家，二相乃共立之為王，是為宣王。」還有一種說法就是司馬貞《史記索隱》引《汲塚紀年》云：「共伯和干王位。」司馬貞解釋說：共是國名，伯是爵位，和是人名，「干」即篡位，「言共伯攝王政，故云『干王位』也」。《晉書》卷五一《束晳傳》引《竹書紀年》亦云：「幽（厲）王既亡，有共伯和攝行天子事，非二相共和也。」張守節《史記正義》引《魯連子》云：「衛州共城縣本周共伯之國也。共伯名和，好行仁義，諸侯賢之。周厲王無道，國人作難，王奔於彘，諸侯奉和以行天子事，號曰『共和』元年。十四年，厲王死於彘，共伯使諸侯奉王子靖（靜）為宣王，而共伯復歸國於衛也。」此說謂共是衛國的別稱，衛武公名和，即共伯和。可是據《史記》卷三七《衛康叔世家》、卷一四《十二諸侯年表》所載，證明《汲冢紀年》和《魯連子》之說都不可信。共和行政元年（前八四一）是中國歷史上有確切紀年的開始。

所謂「宣王中興」之說，並不符合歷史實際。宣王初即位時，由於有周公和召公的輔助，在整頓吏治、安定社會方面，取得一些成就。為解除周邊戎狄等族的侵擾，他曾親自率軍進行征伐，也取得一些成果。所以史稱「宣王中興」。但這樣的評價過於誇大。宣王在位四十六年，雖在政治和軍事上取得了一些成就，但由於國力薄弱，特別是由於他的個性剛愎自用，不聽老臣重臣的勸諫，以致犯過許多錯誤，遭遇許多失敗，在國內並不得人心。諸侯們與王室的關係亦不密切，來朝貢的日益稀少。

宣王招致不滿或遭受失敗的主要事項，有以下一些。

不修帝王親耕之禮。西周自文王時期，即設有帝王親耕藉田⑯的制度。因為在以農耕為主的社會中，國以農為本，民以食為天。周文王行德政，每年初春，率領群臣親耕藉田，既有用藉田之粟米敬獻宗廟之意，更主要的是勸導廣大臣民重視農業生產。天子耕藉田是國家的大禮，幾乎是普天同慶。《詩經．周頌．載芟》曰：「載芟載柞，其耕澤澤。千耦其耘，徂隰徂畛。」大意是：除草除根，耕土疏鬆。千耦鋤耘，填窪培埂。孔穎達疏曰：「除草曰芟，除木曰柞。」鄭玄箋曰：

「載，始也。隰謂新發田也，畛謂舊田有徑路者。」所謂「籍田」，也作「藉田」，因是借用民力而耕種，所以叫作籍田。其具體做法，載於《國語．周語上》：春耕之日，天子率群臣來到籍田上，按照禮儀規定，「王耕一坺，班三之，庶民終於千畝」。具體地說，王耕一坺，公耕三，卿耕九，大夫耕二十七，庶民則全部耕種。此一國家大典，本來是年年舉行。但至厲王被逐之後，此禮中斷。宣王即位後，虢文公為卿士，勸說宣王恢復籍田之禮以勸農。他說，籍田不可廢，「夫民之大事在農，上帝之粢盛於是乎出，民之蕃庶於是乎生，事之供給於是乎在，和協輯睦於是乎興，財用蕃殖於是乎始，敦龐純固於是乎成」。又說：「今天子欲修先王之緒，而棄其大功，匱神乏祀，而困民之財，將何以求福用民！」可是宣王不聽勸告。

以武力強制魯國廢嫡立庶，遭到反對。魯國的國君是周公旦之後裔，向以禮儀之邦自居，與周王室的關係密切。至魯武公，以朝覲周宣王至豐鎬，由長子括和次子戲作陪。宣王立戲為太子。王室卿士樊仲山父勸諫宣王曰：「不可立也，不順必犯，犯王命必誅。……今天子立諸侯而建其少，是教逆也。」宣王不聽，還是以王命立戲。魯武公回國，後病死，魯國人反對立戲，並將戲殺死，仍立戲之兄括為國君。宣王聞知大怒，出兵伐魯，奪括之位，另立魯武公之少子、戲之弟為孝公，並命孝公為主管一方的侯伯。這種由國王武力強制干預諸侯廢嫡立庶的行為嚴重引發諸侯們的反感，從此諸侯們對周王更加疏遠。

周宣王對嚴允、西戎、徐戎、荊楚的一系列戰爭，有勝利，也有失敗。如宣王三十九年（前七八九），對姜氏之戎的千畝（今山西安澤東北）之戰，宣王大敗，「喪南國之師」。宣王為了補充兵員，「乃料民於太原（今太原一帶）」（《國語．周語上》）。「料民」就是清查戶口，便於徵兵，這是動搖民心，加劇社會不安之事。有些大臣表示反對，亦向宣王說明了道理，可是宣王還不聽，堅持清查戶口，人心大亂。

（三）犬戎入侵，幽王喪命

宣王死，子幽王立。幽王二年（前七八〇），京師所在地關中地區發生了大地震。《詩經．小雅．十月之交》曰：「百川沸騰，山冢崒崩，高岸為谷，深谷為陵。」這次大地震造成的災情嚴重，許多河水斷流，湖池涸竭，林木乾枯，人口散亡。《詩經．大雅．召旻》曰：「旻天疾威，天篤降喪。瘨我饑饉，民卒流亡……如彼歲旱，草不潰茂。……池之竭矣，不云自頻；泉之竭矣，不云自中。……昔先王受命，有如召公，日辟國百里。今也，日蹙國百里。於乎哀哉！維今之人，不尚有舊。」鄭玄箋云：「哀哉，哀其不高尚賢者，尊任有舊德之臣，將以喪亡其國。」可是就在這樣的情勢之下，周幽王並不體恤人民的疾苦，仍過着窮奢極慾的生活，並強奪民財，搜羅美女。政治黑暗，怨聲載道。《詩經．大雅．瞻卬》曰：「人有土田，女（汝）反有之；人有民人，女覆奪之。此宜無罪，女反收之；彼宜有罪，女覆說之。」「收」是拘捕，「說」是赦免。這是揭露控訴周幽王顛倒黑白、倒行逆施的情況。這些情況的存在和發展，加劇了統治階級與被統治階級之間及國王與一般貴族之間的矛盾和鬥爭。

幽王最為嚴重的錯誤是他無視宗法制度的規定。其父周宣王僅僅是干預魯國君位世襲，以武力強制魯國廢嫡立庶。而幽王之錯誤遠遠超過乃父。他廢掉申后，另立寵妃褒姒為后，廢申后所生太子宜臼，另立褒姒所生兒子伯服為太子。這不僅嚴重破壞了宗法制度，也嚴重破壞了王位世系制度，使統治集團內部為廢立而發生分裂鬥爭，也引起諸侯的不滿。首先是太子宜臼逃到了申國，申國是周宣王所封，姜姓，在今河南南陽一帶，為宜臼的外公家，與戎人關係密切，或稱申戎，也叫姜氏之戎。申侯是太子宜臼的外公，幽王所廢申后之父。

褒姒是褒國（今陝西漢中市西北一帶）之女，不苟言笑。自冊立為后，幽王想盡一切辦法博她一笑，甚至違犯軍紀，命人在無寇進犯的情況下，將靠近京師驪山一帶的烽燧點燃，白天濃煙高升，黑夜火光沖天。附近諸侯望見火警，率軍前來勤王護駕，可是每每因無寇患而受騙。褒姒倒是由此大笑不止，可是諸侯卻氣憤不已。以後再舉烽火，諸侯就不來了。史稱此事為「烽火戲諸侯」。這時周王室的內政由虢石父掌握。此人奸詐虛偽，對幽王阿諛奉承，對他人則強取豪奪。他雖受到周幽王的信任而為卿士，可是國人都怨恨他。西周的政治日益混亂黑暗。

周幽王十一年（前七七一），幽王與褒姒等正在驪山宮尋歡作樂之時，久欲為申后及太子宜臼報仇的申侯聯合了犬戎等部舉兵攻周，殺幽王於驪山，擄走褒姒，京師豐鎬被搶劫一空，宮殿盡成瓦礫。申侯和眾諸侯擁立原太子宜臼繼承王位，即周平王。這時的豐鎬已殘破不堪，戎人仍在活動，時刻威脅着平王的安全。平王決定放棄宗周豐鎬，將都城東遷成周雒邑（亦作洛邑，今河南洛陽）。幫助遷都和護駕的有秦襄公及晉、鄭等國的諸侯。是年為公元前七七〇年。前此都於豐鎬之周，史稱西周，至前七七一年滅亡。遷都於雒邑之周，史稱東周，周平王即為東周的第一代國王。

注釋：

① 本表是根據《史記．周本紀》制定的。

② 參看王國維：《古本竹書紀年輯校》。

③《陝西出土一萬餘片周的甲骨》，《文物特刊》一九七八年第四十三期。

④ 北京大學歷史系編寫組：《北京史》（增訂本），北京出版社一九九八年版，第十九—二十頁。

⑤ 王國維：《觀堂集林》，中華書局一九五九年版，第二冊第四五三、四七四頁。

⑥《呂思勉讀史札記》甲帙《先秦·三公·四輔·五官·六官·冢宰》，上海古籍出版社一九八二年版，第二二三頁。

⑦ 胡厚宣：《殷墟發掘》，學習生活出版社一九五五年版，第一〇四頁及圖版五十七。

⑧《墨子·尚賢下》：「昔者傅説居北海之洲，圜土之上。」孫詒讓案語引《呂氏春秋·求人篇》：「傅説，殷之胥靡也。」又引《周禮·大司徒》鄭玄注：「圜土，謂獄也，獄城圜。」

⑨ 陸聽、徐世虹：《中外法律文化大典》，中國政法大學出版社一九九四年版，第十七頁。

⑩ 郭沫若說：「孟子所說的八家共井……那完全是孟子的烏托邦式的理想化。」見郭沫若：《奴隸制時代》，科學出版社一九五六年版，第十五頁。

⑪ 楊寬：《古史新探》，中華書局一九六五年版，第一一二頁。

⑫ 林甘泉：《中國封建土地制度史》第一卷，中國社會科學出版社一九九〇年版，第八頁。

⑬ 馬克思：《資本論》第一卷，《馬克思恩格斯全集》第二十三卷，人民出版社一九七二年版，第二六五—二六六頁。

⑭ 參看滿都爾圖：《試論原始公社末期土地私有制的發展》，《歷史研究》一九七六年第四期。

⑮ 國人，指居住在城邑內的人。《周禮．地官．泉府》：「國人郊人從其有司。」賈公彥疏：「國人者，謂住在國城之內，即六鄉之民也。」按：國人的身份為自由民。

⑯ 關於藉田，《詩經．周頌．載芟》詩序曰：「載芟，春籍田而祈社稷也。」《毛傳》曰：「籍田，甸師氏所掌，王載耒耜所耕之田，天子千畝，諸侯百畝。籍之言借也，借民力治之，故謂之籍田。」亦作「藉田」。

責任編輯　梅　林
書籍設計　林　溪
責任校對　江蓉甬
排　　版　周　榮
印　　務　馮政光

書　　名　中國上古史話
叢 書 名　大家歷史小叢書
作　　者　張傳璽
出　　版　香港中和出版有限公司
Hong Kong Open Page Publishing Co., Ltd.
香港北角英皇道四九九號北角工業大廈十八樓
http://www.hkopenpage.com
http://www.facebook.com/hkopenpage
http://weibo.com/hkopenpage
香港發行　香港聯合書刊物流有限公司
香港新界大埔汀麗路三十六號三字樓
印　　刷　美雅印刷製本有限公司
香港九龍官塘榮業街六號海濱工業大廈四字樓
版　　次　二〇一九年十二月香港第一版第一次印刷
規　　格　三十二開（128mm × 188mm）一六八面
國際書號　ISBN 978-988-8570-83-6
© 2019 Hong Kong Open Page Publishing Co., Ltd.
Published in Hong Kong

本書中文繁體字版經由北京出版集團授權香港中和出版有限公司獨家出版發行，未經權利人書面許可，不得翻印或以任何形式或方法使用本書中的任何內容或圖片。
版權所有，不得翻印。